走进古滇国

经典云南

卜保怡 ◎ 著

云南出版集团公司
云南教育出版社

图书在版编目（CIP）数据

走进古滇国/卜保怡著. —昆明：云南教育出版社，
2012.6
（经典云南丛书）
ISBN 978-7-5415-6507-6

Ⅰ.①走… Ⅱ.①卜… Ⅲ.①纳西族－少数民族风俗习惯－云南省　Ⅳ.①K892.357

中国版本图书馆CIP数据核字(2012)第095975号

书　　名	走进古滇国
作　　者	卜保怡
策 划 人	李安泰　杨云宝
组 稿 人	吴学云　邹悦悦
出 版 人	李安泰
责任编辑	吴　丽
装帧设计	向　炜
责任印制	赵宏斌　张　旸

云南出版集团公司
云南教育出版社　出版发行

昆明市环城西路609号 www.yneph.com

全国新华书店经销
云南新华印刷实业总公司一厂印刷
2012年9月第1版　2012年9月第1次印刷
787毫米×1092毫米　1/32开本　3印张　81千字

ISBN 978-7-5415-6507-6
定价 4.80元

总 序

云南，从渺远神秘而又带着蛮荒色彩的"彩云之南"走到今天，一步一个脚印跋涉在中华大地上。

云南山水，多娇诱人。

闻名遐迩的喀斯特地质奇观石林，奇妙无比。

迷人的高原深水湖泊抚仙湖，凝波如玉。

秘境香格里拉的高山草甸，杜鹃如火；巍峨雪山，苍茫古远。

低纬度的明永冰川，从古流到今；高黎贡山的各色鲜花，从冬开到夏。

大理的风花雪月，丽江的小桥流水，版纳的原始森林，腾冲的地热奇景，泸西的阿庐古洞，怒江的东方大峡谷，令人陶醉。

七彩云南，蕴涵的又何止是奇山美水?!

这里，有寒武纪早期生物大爆炸的典型：澄江动物化石群。这里，诞生了中国最古老的人类：元谋人。这里，曾崛起过古滇国、哀牢国、南诏国、大理国。这里，有蜀身毒道、秦五尺道、茶马古道、滇缅公路、驼峰航线。这里，有世界上唯一活着的象形文字"东巴文"。这里，出现了中国第一个海关、第一座水电站、第一条民营铁路。

这里，有与黄埔军校齐名的云南陆军讲武堂。

这里，爆发过反对清王朝统治的重九起义。

这里，在袁世凯复辟帝制时，率先通电全国，举起了护国运动的大旗。这里，举办过名垂青史的西南联大，并爆发了震惊全国的"一二·一"运动。这里，曾经涌现了杨振鸿、张文光、蔡锷、李根源、唐继尧、庚恩旸、刀安仁、杨杰等一个个热血汉子；这里，也曾经孕育出书法家钱南园、医药家兰茂、数学家熊庆来、军事家罗炳辉、哲学家艾思奇、音乐家聂耳、诗人柯仲平、舞蹈家杨丽萍、诗书画三绝的担当大师等文化奇才。

朱德、叶剑英，在这里留下了坚实的足迹；徐霞客、杨慎，在这里留下了自己的千古绝唱。

这里还有神奇的云南白药、剔透如玉的云子、独树一帜的普洱茶。

这里的僰人悬棺、纳西古乐、摩梭走婚、白族三道茶、彝族跳菜等滇人风貌和民族风情，更是诉说不尽。

"经典云南丛书"像一根线，把散落于三迤大地的粒粒圆润闪亮的珍珠串连起来，呈现于您的眼前，让您清晰地看到云南山水奇观、人文历史和民族风俗的经典篇章，让您在愉快的阅读体验中增加知识、增长见闻、解密未知。

"经典云南丛书"为百科式解读云南的通俗性读物，融知识性、趣味性、探秘性与时代性为一体，以一种新的视角和叙述方式展现云南的独特之美，以满足人们了解云南、探秘云南、遨游云南的愿望，希望我们所做的一切已达到了。

编　者

目 录

前言 …………………………………………………………… 1
一、石寨山，芝麻开门 ……………………………………… 3
二、司马迁笔下的古滇国 …………………………………… 7
三、李家山和天子庙墓葬 …………………………………… 13
四、羊甫头墓葬 ……………………………………………… 17
五、滇国与滇文化 …………………………………………… 21
六、滇国疆域和王城 ………………………………………… 23
七、村落及住房 ……………………………………………… 27
八、从"头"说起 …………………………………………… 30
九、多族群共同的家园 ……………………………………… 34
十、滇国镏金铜像与社会结构 ……………………………… 38
十一、后母戊鼎和石寨山铜鼓 ……………………………… 42
十二、滇国人物与三星堆神像 ……………………………… 46
十三、狂热惨烈的祭祀 ……………………………………… 50
十四、铜甲赤脚的滇国军队 ………………………………… 53
十五、"斧耕火种"的原始农耕 …………………………… 58
十六、六畜兴旺，牛羊成群 ………………………………… 61
十七、狩猎和渔业 …………………………………………… 64
十八、铸造和纺织 …………………………………………… 67
十九、饮食和牛虎铜案 ……………………………………… 70
二十、来自大海的贝币 ……………………………………… 74
二十一、爱美的滇国人 ……………………………………… 77
二十二、滇国舞蹈和娱乐 …………………………………… 79
二十三、庄蹻之谜 …………………………………………… 82
二十四、滇国的消亡 ………………………………………… 87
结束语 ………………………………………………………… 92

前言

这是一片神奇迷人的土地。

五亿六千多万年前,这里曾是一片汪洋大海。就在这里,大量带壳生物悄然出现,揭开了寒武纪生物大爆发序幕,标志着原始动物的诞生,一些物种演化为包括人类在内的有头脊椎动物的始祖——海口华夏鱼和中新鱼。

时光跨越了三亿年后,震旦纪至三迭纪、侏罗纪,这里地层隆起,形成高山和峡谷,并成为恐龙的故乡。

三百万年前,在一次次强烈的地震中,这里的地貌再次发生巨变,部分高山塌陷,河流改道,一个个陷落湖泊诞生。

数十万年前,这里就出现了早期智人活动的踪迹。新石器时期,居住在这里的人们在采集植物果实根茎、采捞水产动物、猎捕野生动物的同时,也开始了早期原始农业生产活动。

这里,就是云南高原的中部,一片美丽富饶气候温和的红土地。

两千多年前,辽阔的滇池烟波浩森,深邃的抚仙湖清波荡漾。水中游弋着成群结队的各种鱼类,水面上飞翔着种类繁多的水鸟。湖泊四围山峦起伏,森林植被密布,出没着数不清的动物。就在这时,这里崛起了一个梦幻而又真实的国度——滇国。

然而,滇国是一个什么样的国家?历代文献中只有简略的记载,语焉不详。滇国的历史,没有引起史家们的重视。也许,古滇国也会像世界人类历史上曾出现无数的部族群落,永远默默的消失在历史的长河,只留下模糊的记载,雪泥鸿爪,难以追寻。

然而,两千多年之后,随着石寨山、李家山、天子庙、羊甫头等墓葬的发掘,数万件滇国文物走出拥挤黑暗的地下世界,重现人间。在琳琅满目的各式器物中,尤以一万五千多件青铜器瑰丽多姿、精彩绝伦。最为奇特的是,滇国人制作这些精妙绝伦的铜器和其他器物时，并不像中原地区那样，意在把神护天佑下的帝王集权演化为宝鼎重器，宣示威严与礼制，让人敬畏。也不像古蜀国那样，将人神合一，用极度夸张浪漫的器物，表现一种梦幻般的诉求。古滇人只是想表达自己的崇拜信仰、喜怒哀乐，表现他们的人生态度和对美的追求。于是他们把本身作为创作内容的主体，用艺术的构思和精湛的技艺将日常生活场景真实地铸造或线刻在青铜器上。无意之中，真实地记录下了人类历史文化发展童年时期稚嫩的足印，仿佛永不褪色的青铜照片，让他们的历史文化永远凝固，为后人铸造和保存了一部真实青铜史诗。

从这个意义上说，滇国青铜器是我国灿烂的古代青铜文明的重要组成部分，在世界青铜文化史上绝无仅有，具有特殊的地位。

让我们随着滇国青铜器的风采，跨越时空，回溯时光的隧道，走进古滇国，走进两千多年前滇人日常生活的场景之中，一睹他们的生存风貌。

一、石寨山，芝麻开门

滇池南岸的晋城，自然风光格外优美。"一去二三里，烟村四五家，楼台六七座，八九十枝花"，这首一般认为是宋朝邵尧夫所作的著名古诗，据晋宁当地方志学者考证，此诗乃清顺治乙丑年间的举人、晋宁金砂人王寿祚所作。诗中描述的就是晋城郊外的景色。

就在这田园风光如画的地方，1955年，云南省博物馆的考古队在这里的石寨山上一片墓地中发掘出土了大量精美的青铜器，从而震惊了中外考古学界。

石寨山位于晋城西5公里处，是一座南北长500米，东西宽300米，高33米的小山丘。从远处眺望，山形酷似一条巨鲸横卧，故又名鲸鱼山。如今，石寨山距滇池1公里左右，但在战国及西汉时期，石寨山濒临滇池，仅是高出湖岸八九米的小山，西面因受滇池水的冲击，岩石陡峭；东南地势平缓，成一坡地。

1955年3月，由云南省博物馆孙太初、熊瑛、马荫何三人组成的考古队到石寨山进行第一次发掘工作。这次发掘历时21天，虽然仅发掘了两座墓葬，然而却出土了100多件与中原内地大不相同的青铜器。其中有两件贮藏着贝壳的器物盖面上铸有众多人物立体雕像，形象逼真地再现了纺织场面和杀人祭祀场面。这样形式的器物在中外考古史上还是第一次出土。

恰好这个时候，我国著名学者、中国科学院院长郭沫若和文化部副部长兼文物局局长郑振铎来到昆明，看了这些出土器物后惊叹不已，认为这些器物的出土是具有国际意义的重大发现。郑振铎当即决定由国家文物局拨给经费5000元，并拨给一部德国进口的经纬仪以支持发掘工作。

1956年11月至1957年1月，云南省博物馆进行了石寨山第二次发掘。这次发掘历时3个月，共清理墓葬20座，出土各种文物4000

余件。奇珍异宝，美不胜收，举世闻名的滇王金印，就是出自这次发掘的6号墓。

1956年11月的一天下午，薄暮时分，夕阳西沉。石寨山考古队正在进行当天考古发掘的最后清理。这时，在第6号墓底的漆器粉末中，一枚边长2.4厘米，高1.8厘米，重90克的小小金印被清理出来。四个典型的汉篆"滇王之印"，明白无误地映入人们的眼帘。印背上蟠着一条蛇纽，蛇背上饰鳞片纹，蛇头伸向右上方。两眼熠熠放光。印身四边完整无损，光彩夺目。

这，就是两千多年前太史公司马迁在《史记·西南夷列传》记述过的"滇王王印"。

主持这次发掘的孙太初在《滇王金印出人间》一文中回忆说："我的心在怦怦跳动，手也有些颤抖。捧着金印，小心翼翼地剔除填土，虽然印的体积不过方寸，而我此时却感到好像是捧着一件千斤重器。作为历史的见证，这方寸之印确乎比千斤还重。它在学术上的意义是显而易见的。有了它，我先前的遐想完全被证实，两千多年前滇王国神秘的历史揭示出来了，这是一件何等激动人心的大事啊！"

关于滇王金印的出土，据孙太初先生说当时还有一个小插曲。当发掘工作进行了一段时间后，一起参加发掘的同事开玩笑说："如果能出现一颗滇王印，就能证明这是一处古滇国墓地。你是发掘主持人，当然少不了请客，以示祝贺。"他心想哪有这么凑巧的事，随口就答应了。岂知说过这话还不到一个星期，奇迹果真出现了。激动之余，也没有忘记先前的许诺，立即请人去海边渔船上买来两条大鲤鱼，和同事们饱餐了一顿，算是开了个小小的庆祝会。

此后不久，1958年冬季和1960年4月，云南省博物馆又在石寨山进行过两次发掘，共清理墓葬38座，出土文物600余件，晋宁石寨山墓地的发掘工作暂告一段落。四次发掘，共清理墓葬50座，出土文物4800余件。

据考古学家分析，石寨山墓葬的文化遗物涉及的历史时期跨度很大，从新石器时代到东汉绵延数千年，随葬器物按质地可以分为石器、青铜器、铁器、金银器、陶器及玉石玛瑙器等。其中青铜器占了很大比例，出土青铜器的墓葬时代上限约在春秋战国之际，距今约2500年，下限可晚至东汉时期，距今约2000年。时间跨度约500年左右。

种类繁多的青铜器按照使用功能可以分为兵器、生产工具、生活用具、礼乐器、装饰品等类。应该大多是墓主的生前用品，而且大量青铜兵器主要集中在一些大型墓葬中，小型墓葬中却寥寥无几，赫然是身份、地位和财富的象征。

与内地中原地区出土的同类器物相比较，这些青铜器物的造型、纹饰都有显著的不同，特别是用铜鼓直接或经过改制作为鼓形贮贝器，在世界青铜文化史上实属罕见。一些用于厮杀的兵器为了强调装饰效果，特意焊铸了一组组动物或人物形立体铸件，多了几分浪漫的色彩。

尤为珍贵的是，有的贮贝器鼓面一些祭祀、战争、纳贡及狩猎场面，包括其他一些青铜人物、动物、屋宇、饰件等铸件，无不栩栩如生，具体生动，有强烈的写实感，活灵活现地将滇人社会的政治、经济、军事、宗教、文化艺术、对外交往和日常生活的方方面面，呈现在人们眼见。

可以说，石寨山的这次试掘，就像阿拉伯故事中的阿里巴巴念动神奇的咒语"芝麻开门"，打开了沉睡2000多年宝库，从而拉开了发现古滇国的序幕，渐渐揭开了距今2000多年的滇国的神秘面纱。

石寨山墓地的发现及发掘是我国20世纪50年代以来"具有国际意义的重大发现"之一。2001年6月国务院公布石寨山古墓葬为全国重点文物保护单位。不过，石寨山墓葬群的发现，有必然，也有点偶然的因素。

早在新中国建立之前，昆明街头就有把出土的青铜器当作废铜出售的现象，其中一些青铜器还被外国人购买并收藏于英国大英博物院。当时云南当局风雨飘摇，无暇顾及，这种情况并没有引起人们的重视。

1953年的一天，云南省博物馆来了一位客人。他姓汪，是个古董商人。他带着几件从民间收来的剑、矛、钺等青铜兵器，来请该馆调查征集部副主任孙太初为他鉴定这些东西的收藏价值。

孙太初是新中国培养的第一代考古学家。1952年，27岁的孙太初作为云南省推荐的唯一学员，参加了文化部、中国科学院和北京大学等单位联合举办的全国第一期考古训练班。

当晚，孙太初在灯下细细端详这些青铜器，他看过许多我国中原地区的商周青铜器，对比之下，他发现手中的几件这些青铜器的器形特异，纹饰具有浓郁的少数民族风格，铜绿锈色也有着明显的不同。孙太初意识到这批青铜器应该产自云南本地。也许，在历史上被认为是一个烟瘴弥漫的边陲蛮荒之地的云南，也曾存在过青铜文明。

但是，这些青铜器出自何处呢？经过多方打听，也未打听到这批器物出土的地点。

直到一年多以后，有一次孙太初偶然和云南省文史馆馆员方树梅老先生谈及此事。时年已经72岁的方树梅是晋宁县晋城镇鹦鹉厂（现名方家营）人，是云南著名的文献学家、方志学家。他告诉孙太初，抗日战争时期，他家附近石寨村的农民在上山耕作和葬坟时，曾不经意间挖出了一些青铜器，并把这些青铜器当作废铜卖掉。

晋宁县晋城在西汉时期是古代滇国的中心，也是益州郡治滇池县所在。方老先生提供的线索使得孙太初眼前一亮，1954年秋，在他的建议下，省博物馆派熊瑛等人到晋宁作了一次调查，喜出望外地找到了青铜器的出土地点——石寨山。

出土地点明确后，云南省博物馆当即决定在石寨山进行一次试掘。于是，沉睡了2000年的古代文明，蓦然间从地下走上聚光灯照亮的舞台，展示了它古朴而绚丽的身影。

二、司马迁笔下的古滇国

人们知道滇国的存在,源于太史公司马迁的《史记·西南夷列传》。

《史记》是中国历史上第一部纪传体通史,约成书于西汉时期公元前104年至公元前91年。近人梁启超称赞这部巨著是"千古之绝作",鲁迅誉之为"史家之绝唱,无韵之《离骚》",由此可见其影响之大。

在这部鸿篇巨著中,司马迁把当时汉朝皇帝统治版图四周族群的历史情况,用类传的形式记载下来,如《史记·西南夷列传》、《史记·匈奴列传》、《史记·朝鲜列传》、《史记·大宛列传》等,这就为研究我国古代边疆民族或周边国家的历史,提供了重要的史料。《史记·西南夷列传》记述的是西南方的情况,滇国就在其中。

上古时代,聚居于黄河流域的炎黄族群,曾将周围的各族群分别称为"北戎、西狄、东夷、南蛮"等。夏商时期,"夷"被用来以泛指周边各族群,有"四方之夷"、"夷夏之别"之说。"西南夷"就是汉代对西南包括今四川南部、云南、贵州所居各族群的称谓。在甲骨文中,"夷"字从人从弓,是猎人的形象。

《史记·西南夷列传》就是司马迁站在中央王朝的俯瞰视角,记述西南各族群概况及其与汉朝关系的极为珍贵的史料,也是最早的史料。

《史记·西南夷列传》只有1500多字,但内容十分丰富。它不仅介绍了西南夷诸多族群的名称、分布的地理位置以及习俗和生产状况,而且记述自战国时期公元前339年至汉代元封二年(前109年)200多年间西南夷与中原的关系和西南夷被纳入汉朝版图的主要历史。

从《史记·西南夷列传》中,人们可以知道:西南地区自古分布着难以计数的族群。

《史记·西南夷列传》开篇即说:"西南夷君长以什数,夜郎最大;其西靡莫之属以什数,滇最大;自滇以北君长以什数,邛都最大。此皆魋结,耕田,有邑聚。其外西自同师以东,北至楪榆,名为嶲、昆明,皆编发,随畜迁徙,毋常处,毋君长,地方可数千里。自嶲以东北,君长以什数,徙、筰都最大;自筰以东北,君长以什数,冉駹最大。其俗或土箸,或移徙。在蜀之西,自冉駹以东北,君长以什数,白马最大,皆氐类也。此皆巴蜀西南外蛮夷也。"

这段文字中,司马迁把西南夷分为"西南夷"(狭义)、"靡莫之属"、"滇以北"、"同师以东"、"嶲东北"、"筰东北"、"蜀之西"等七个板块,每个板块上都居住着数以十计的族群。每个板块的若干族群之中,都有一到两个人口较多、势力较大的族群。

司马迁这里所说的地名和族群名称,狭义的"西南夷"指今贵州、广西一带,最大的族群叫做"夜郎";"靡莫之属"即今天的滇中和滇东北地区,最大的族群是"滇";"滇以北"指的是今四川省的西昌、凉山地区,最大的族群是"邛都";"同师以东"指的是今滇西,最大的族群是"嶲"和"昆明";"嶲东北"指今四川雅安一带,最大的族群是"筰都";"筰东北"指今四川省的岷江流域汶川县一带,最大的族群是"冉駹";"蜀之西"则为今天甘肃南部的陇南一带,最大的族群叫做"白马"。

也就是说,司马迁所指的西南夷,其范围包括了贵州、云南的大部分地区,也包括了四川的西南部和甘肃的南部,范围相当宽广。

不过,在《史记·西南夷列传》中,司马迁给予了"滇"特别的关注。直接记述"滇"的文字,1500余字中竟有600余字,而且整篇文章似乎都是围绕"滇"展开。《史记·西南夷列传》,俨然一部古滇的专门史。

居住在滇池附近的滇族群已经进入农耕时期

按照习俗和生产方式,司马迁把西南夷数百个族群分为三类:一是"魋结，耕田，有邑聚"的族群；二是"编发，随畜迁徙，毋常处，毋君长"的族群；三是"或士箸，或移徙"的族群。

魋结，就是把头发束结于头顶或脑后；编发，指的是将头发编成发辫或散披。这种发型的不同，往往是寻找到他们的族源的重要依据，从而大体能知道他们来自何方。而"耕田，有邑聚"或是"随畜迁徙，毋常处，毋君长"，则是判断其生产力和社会形态的主要尺度。

"耕田，有邑聚"，标志着人们已经开始定居，以农业生产作为主要的生活来源，形成了有组织结构的社会群体，而"随畜迁徙，毋常处，毋君长"则说明这个社会群体还处于游牧生活之中，四处飘移。

依《史记·西南夷列传》所述，西汉早期，靠近中原的今贵州的夜郎、云南东北部和中部的靡莫之属以及四川南部的邛都等，都进入"耕田，有邑聚"的农耕社会，而滇西的"嶲、昆明"等还处于游牧之中。处于今四川岷江流域和甘肃南部的"焻駹"、"白马"等，则还处于土著和迁徙族群的交融之中，社会形态还不明朗。

庄蹻王滇

司马迁专门写到滇国一段重要历史：

始楚威王时，使将军庄蹻将兵循江上，略巴、（蜀）黔中以西。庄蹻者，故楚庄王苗裔也。蹻至滇池，（地）方三百里，旁平地，肥饶数千里，以兵威定属楚。欲归报，会秦击夺楚巴、黔中郡，道塞不通，因还，以其众王滇，变服，从其俗，以长之。

[释文] 当初在楚威王时，派将军庄蹻率领军队沿着长江而上，攻取了巴郡、蜀郡和黔中郡以西的地方。庄蹻是从前的楚庄王的后代子孙。庄蹻到达滇池，这里方圆三百里，旁边都是平地，肥沃富饶的地方有几千里。庄蹻依靠他的军队的威势平定了这个地方，让它归属楚国。他想回楚国报告这情况，正赶上秦国攻打并夺取了楚国的巴郡、黔中郡，道路被阻隔而不能通过，因而又回到滇池，借助他的军

队统治滇国。他们改换服式，顺从当地习俗，统领滇人。

楚威王时，是公元前339年至公元前329年之间。庄蹻率部入滇，是云南地区有文字记载的重大历史事件。自此，庄蹻王滇、庄蹻开滇之说成为史家们津津乐道的盛事。史家们认为，庄蹻大军进入云南滇池地区，为落后的云南带来了先进的理念和先进的生产力，促进了边疆地区与内地的联系，大大促进了云南社会的发展。

不过，按照司马迁的说法，庄蹻虽然以武力统治了滇国，却"改换服式，顺从当地习俗"，完全融入当地社会，不见了踪影。甚至200多年后，滇部族首领尝羌居然不知道"汉"和"滇"，哪一个更大，实在令人不可思议。

对汉王朝友善的滇王

公元前221年，秦始皇灭六国统一中原后，曾开通了进入云南的五尺道，并在西南夷诸国设置了一些官吏。但秦朝匆匆而亡，未能建立有效的统治。

公元前202年，汉朝建立。但汉朝初兴之时，放弃对西南夷诸国的统治，只把蜀郡的原来的边界当作关塞。西南夷诸国成为"国外"。但巴蜀一带的商人通过与西南夷做买卖，变得十分殷富。

公元前141年，汉武帝登基。汉武帝是一位热衷于开疆拓土的帝王，在他登基后仅六年（建元六年，前135年），就发兵征服了南越（两广），并从巴蜀四郡（川南）进军南夷（贵州）。但是，汉武帝进军南夷的军队受到高山峡谷的制约，军粮运输困难，饿死不少士兵，同时，又受到南夷各部族的顽强抵抗，导致汉军"耗费无功"。在北方匈奴进犯的背景下，汉武帝只得权且作罢。

过了十三年（元狩元年，前122年），当汉武帝听从西域回国的博望侯张骞说，匈奴西边的大夏国（阿富汗一带）倾慕中国，但被匈奴阻隔，无法联系。他在大夏国见到了四川出产的蜀布、邛竹杖等物品，经打听，这些物品来自"身毒国"（印度），而身毒国的蜀布、邛竹杖等物品，又是四川商人通过从四川经云南到印度的"蜀身毒道"贩运而来。

出于对付匈奴的战略考虑，汉武帝对"蜀身毒道"产生了兴趣。他决心寻找这条通道，以通过此道联系大夏，以威胁匈奴后方。于是，汉武帝派王然于、柏始昌、吕越人等，出使云南（西夷西），寻找这条通道。

王然于等到达滇国后，滇部族首领尝羌虽然不了解汉朝的情况，甚至问王然于"汉"和"滇"哪一个更大，但他对汉使十分友好，不仅热情接待，还派出了十多批人马，协助王然于等西行探路。然而，位于洱海附近的昆明人说什么也不让探路的人马通过，致使王然于等寻求"蜀身毒道"的使命无法完成。

王然于等人虽然没有完成使命，但通过此行，对云南及滇国的情况有了更多的了解，他们回到长安后，向汉武帝禀报了滇国的情况：滇部族之本土虽然不大，仅限于滇池地区，但滇联盟地区，"君长以十数"，其境界辽阔，滇王号令所及广远。同时，他们极力向汉武帝陈说了滇部族的亲善。汉武帝对此十分重视。

汉武帝赐滇王金印

汉武帝元鼎五年（前112年），南越叛乱，汉武帝派兵镇压，依附南越的夜郎投降，其首领受封为夜郎王。之后，汉军又击破了"邛都"族群（今西昌、凉山地区）和"筰都"（今四川雅安一带），诛杀了他们的首领邛君、筰侯。"焩駹"、"白马"等族群纷纷投降。汉武帝乃以邛都为越嶲郡，筰都为沉儺郡，焩駹为汶山郡，白马为武都郡。

夜郎投降和邛都改为越嶲郡后，位于今云南滇东北和滇中的劳洸、靡莫、滇等部族成为与汉帝国势力接触之地。汉武帝又派王然于赴滇国，劝告滇王归顺，但滇王依仗自己有军队数万人，并与附近的劳洭、靡莫等部族相互依靠，拒绝了王然于的劝告。于是，汉武帝于元封二年（前109年），调动巴郡和蜀郡的军队攻打并消灭了劳洭和靡莫，大军逼近滇国。在大兵压境的情况下，滇王率部向汉朝投降，并进京朝见汉武帝。于是汉朝就把滇国设置为益州郡，赐给滇王王印，仍然统治他的百姓。司马迁记述说："西南夷君长以百数，独夜郎、滇受王印。滇小邑，最宠焉。"

滇王之印

三、李家山和天子庙墓葬

江川李家山古墓葬

石寨山的发掘，打开了一个揭示古代青铜文明的宝库。滇王金印的发现，证实了古代文献记载的滇国的存在。当考古学家、历史和民族学家为此感到振奋，专注于石寨山出土文物的研究之时，另一个神奇的宝库又被人们发现。石寨山发掘十年之后，江川县李家山古墓葬的发现与发掘，向人们展示了古滇文明和古滇国更为广阔的天地。

石寨山的发掘，引起了人们对地下出土青铜器的重视，所以，1965年9月当江川县龙街公社早街村农民在村后李家山上大搞农田基本建设时，意外地发现了一些古墓，出土了一些青铜器时，立即报告了县文化馆和省博物馆。1966年11月，又有更多的青铜器被挖出。

当时，恰巧省博物馆的研究员张增祺就作为一名农村基层工作队员在江川县工作，于是，省博物馆派他前往查看并提出处理意见。张增祺见到了堆放在生产队仓库里的千余件青铜器，大为惊讶，认为李家山墓地必须尽快抢救发掘，并带了几件青铜器回昆汇报工作。然而，此时"文化大革命"已经开始，大字报铺天盖地，文物发掘工作已无人顾及，谁还有心思过问一个墓地是否被破坏？无奈之下，省博物馆仅以三四元钱一公斤的调拨价收购了那些被挖出的青铜器，收藏起来。

然而，李家山墓地的发掘一直萦绕着考古工作者的心。6年之后，1972年元旦过后，经过多方努力，省博物馆终于能够对李家山墓地开始进行第一阶段发掘工作。

此次发掘，于当年5月中旬结束。期间因春节等因素停顿过两次，实际工作两个月多。由张增祺任领队的考古队在李家山共清理发掘古墓27座，出土文物1300多件，其中青铜器就有1000余件，其他300余件为玉器、石器、陶器、漆器、铁器、竹木器和玛瑙等。其种类有兵器、生产工具、生活用具、乐器和装饰品等。其中兵器最多，有戈、矛、钺、戚、啄、斧、剑、镞、弩机、狼牙棒、盔甲等，共计680余件。生产工具有锄、削、凿、鱼钩、纺织工具等。生活用具有壶、尊、罐、勺、釜、甑、斗、碗、洗、伞盖、枕、案、储贝器、镜、带钩等。其中最为著名的牛虎铜案出土于第24号大墓。

这次发掘虽然是在"文化大革命"中，但是发掘一公布，就轰动了海内外。

据考古专家分析，李家山古墓群的葬式与石寨山相同，皆为竖穴土坑，大部分为单人葬，仅少数为二人合葬。出土的器物不仅形状和质地与石寨山古墓群出土的器物有着惊人的相似之处，而且存在的年代也大体一致。同时，李家山西北距晋宁石寨山直线距离仅约50公里，相距不远，而且地理环境与石寨山也十分相似。石寨山濒临滇池，而李家山面向星云湖，那时，抚仙湖星云湖周边水相连，地势广袤平衍，是一个水草丰美、景色宜人的好地方。

时隔20年的1991年初，早街村农民在李家山西南坡上挖硅酸盐矿，又发现了部分青铜器。因当时文物已具经济价值，出现了挖到青铜器在黑市上非法买卖的现象，于是当地一些农民竞相盗掘。江川县政府几经制止，甚至关押了部分盗掘文物者，此风才逐渐平息下来。

为了防止李家山墓地再遭破坏，云南省文物考古研究所及玉溪地区文管所和江川县文管所组成联合发掘队，在李家山西南坡进行了第二次发掘。

第二次发掘在1100平方米的范围内清理墓葬58座，出土文物2066件。出土文物中除大部分器物种类与第一次发掘相似外，也有许多器物为首次发现，其中虎牛鹿贮贝器、祭祀贮贝器等堪称珍品。

李家山古墓群的第二次发掘，再次为研究云南古代历史与文化艺术，提供了异常丰富和极为珍贵的考古资料。因而被评为1992年中国十大考古发现之一，引起中外考古界和学术界对古滇文化的浓厚兴趣。

2001年，江川县李家山古墓葬被国务院公布为全国重点文物保护单位。

呈贡天子庙古墓葬

就在1972年江川县李家山墓葬第一次发掘后不久，1975年2月，考古人员在滇池东面的呈贡县龙街乡小古城村天子庙又发现了与石寨山古墓葬时代大体相同的古墓葬群。天子庙古滇墓地位于黄土山西侧台地上，海拔在1910~1919米之间，战国及西汉古滇国时期，滇池的水位下落至1910米左右，说明当时，天子庙古墓葬就在滇池岸边。

1979年12月4日，文物部门对天子庙墓地进行了抢救性清理。至第二年1月22日，共发掘古墓44座。这次发掘最为重大的收获是：发现了编号为41号的大型墓葬。

天子庙41号墓圹口长6.3米、宽4米，墓底距地表深4米，不仅远远超过天子庙墓地的其他墓葬，墓口面积是其他中小墓葬的4~10倍，而且也超过石寨山出土了滇王金印的6号墓。

墓主葬具的为一棺一椁。椁外壁长4米、宽2.8米、高1.2米，全用直径为20~30厘米的云南松原木构筑，并用青膏泥填塞缝隙，夯平。而石寨山6号滇王墓仅"两边各加上一条木板"。

在41号墓的棺椁中，出土的随葬物品数以万计，除大量海贝和玉石、玛瑙、绿松石制作的珠、管、片外，较大的随葬品有310件。其中，青铜器最多。青铜器有兵器戈、矛、剑、匕、钺、戚、啄、斧、叉、锤、镦、长銎凿和盔、甲等156件；生产工具有犁、锄、镰、凿、削等23件，生活用具有鼎、筩、釜、枕、勺等11件；乐器有鼓、葫芦笙和铃4件；装饰品包括圆形扣饰14件。这些青铜器造型奇特，铸纹精美，在墓室中排列有序。墓葬中一件独特的器物——巫师纹鼎尤其令人关注。

巫师纹鼎呈鼓形，侈口，高领，鼓腹，双耳，平底。鼎焊铸有三足，各足似半剖开竹筒形。之所以称为巫师纹鼎，是因为鼎神正面均铸有头带羽冠，身着铠甲，一手持法具，另一手握兵器的巫师浮雕形象。

鼎本来是古代的烹饪之器，相当于现在的锅，用以炖煮和盛放鱼肉。传说夏禹曾铸九鼎于荆山之下，以象征九州，鼎就从一般的炊器而发展为传国重器和礼器，代表着不同的身份等级。相传天子九鼎，国灭则鼎迁。夏朝灭，商朝兴，九鼎迁于商都亳京；商朝灭，周朝兴，九鼎又迁于周都镐京。历商至周，都把定都或建立王朝称为"定鼎"。在中原地区，鼎还是身份和地位的象征，卿大夫为七、五鼎，士级为三、一鼎。天子庙41号墓中出现的巫师纹鼎，是否同样具身份和地位的象征意义呢？自然使得人们对墓主的身份产生了浓厚的兴趣。

41号墓的156件青铜兵器中，大多光洁如新，锋刃均无磨耗痕迹，而且有的兵器如双钺形铜戈、隼嘴式双钺形戈等已丧失了实战使用的可能，说明这些兵器可能是特意制作的具仪仗功能的礼器。另外，在墓葬中，还发现了殉葬者的遗骨。

这些状况，结合巫师纹鼎的出现，说明该墓的主人是一位地位显赫，拥有巨大统治权利的首领。

但是，由于人骨残朽，又没有任何文字，死者的具体身份无法辨明。仅依据棺材底出土一枚磨耗较大的人臼齿判断，墓主人属于一位老年人。

经中国科学院古脊椎动物与古人类研究所碳—14测定，第41号墓的樟木年代距今2290±70年。也就是说，天子庙第41号墓的年代大体属于战国中期的墓葬，其年代要早于晋宁石寨山和江川李家山的大墓。

1992年6月，随着天子庙内一些建筑物被拆毁，又抢救发掘了23座滇墓，但都无法与41号墓相比，出土器物极少。多数墓只有二三件，至多十几件，有的空无一物。41号墓大有鹤立鸡群之感。

四、羊甫头墓葬

羊甫头墓葬是继石寨山、李家山、天子庙墓地发掘以来,又一项重大考古发掘,被列为1999年度全国十大考古发现之一。在已经发现的古滇文化墓葬群中,羊甫头滇墓地不仅发现最晚,而且在已经发现的古滇文化墓葬群中,它处的历史时期也最晚,绝大部分墓葬年代为西汉中、晚期。同时,从发掘清理的墓葬数量上看,还是规模最大的一处,达811座之多。遗憾的是,羊甫头墓葬也是惨遭盗掘和破坏最为严重的墓地。

官渡羊甫头墓地

羊甫头是官渡区小板桥镇大羊甫村的通俗称呼,位于昆明东郊的丘陵边缘。汉代,海拔高度为1926米的羊甫头还是滇池岸边一个小山丘,附近海拔1893米的小板桥还在水面以下。羊甫头地名来源于彝语音译,"羊"意为鸡,"甫"意为族,即为彝族的一个支系公鸡族居住的地方。不过,随着时间的推移,这里的居民已经是以汉族为主了。

据传,1973年,空军计划在昆明附近建设一所医院,当时的空军司令员乘飞机在天上转了一圈后,选中了羊甫头的后山作为医院的地址。1974年春,动工兴建空军医院时,曾发现过墓葬,出土过一批青铜器,云南省博物馆文物队闻讯曾清理了数座滇墓,出土青铜器30多件。

后来,空军医院搬迁,院址转给昆明武警边防学校使用。1997年11月,学校在该校西部兴建训练场。施工队在施工过程中挖出了大量器物。由于这次施工是在部队营区之内,比较封闭,施工队的老板和部队的个别有关负责人相勾结,封锁消息,大肆盗掘。许多文物贩子闻风而至,在羊甫头村附近争相收购,形成黑市。1998年4月22日,群众向云南省文物管理委员会进行了举报。

得到消息后,云南省文物考古研究所立即派员进行调查,证实基建现场为一大型墓地的一部分,15000多平方米的场地已经推平,遍地皆是青铜碎片和陶片,还有几根粗大的椁木横七竖八地堆在一旁。后经统计,在已发现的16座大中型滇文化墓葬中,有13座被机械盗掘,小型墓葬被盗掘的达60余座。较浅的墓被推土机完全推掉的不计其数。通过对整个墓地墓葬分布密度分析,被盗掘及推掉的墓葬可能达400余座,这种破坏和盗掘简直就是一场浩劫。

1998年9月至次年6月15日,经国家文物局批准,云南省文物考古研究所、昆明市博物馆、官渡区博物馆联合对训练场施工范围进行了大规模抢救性发掘。

羊甫头墓地的墓葬密布在一个面积约为4万平方米的圆形缓丘上,由于整个地表已推平,基建现场东部地区已由地表向下削了2~3.5米。现存地表稍一刮平,残存墓口便露了出来。北部地区较低,所堆土层较浅,小型墓葬一个接着一个出现,几乎无下脚空间。在历时9个月的发掘过程中,考古人员共清理面积10700平方米,共发掘先秦和西汉墓 495 座、东汉墓 29 座、明清墓葬 7 座，出土各类文物累计4000 多件。出土各类器物以青铜器为主，兼有陶器、漆木器和少量铁器、玉石玛瑙器。

2000 及 2001 年度，根据学校校园内的改扩建工程要求，考古队又将发掘的触角延伸至校园内的部分区域。几个年度下来共发掘面积1.5 万平方米，清理墓葬 846 座。然而这还不到整个墓地分布面积的一半，且尚不包括已被盗掘及推掉的墓葬。但羊甫头的发现，确实为人们重新审视和解读滇文化，提供了难得的信息。

羊甫头墓葬的青铜器的形制大体与石寨山、天子庙大体相仿，虽然也有许多器物如直柄无胡戈、六角形异形矛、鱼鳞纹蛇首剑、双鹿双蛇的有横銎斧、剑鞘、长方板瓦锄、羊角形杷等器物在滇文化青铜器中属首次见到，但仍然属于古滇青铜文化的范畴。

羊甫头墓葬发掘最为引起考古学家关注的是：在第 113 号大型墓葬的腰坑中发现了大批异彩纷呈的漆木器。这不仅是因为这些漆木器首次在云南发现，填补了云南无漆木器的空白，而且在造型、纹饰、制作工艺上，都不同于人们所熟知的楚、蜀风格，具有浓郁的地方特点。漆木柄多以黑漆作地，用红漆描绘，饰纹相当丰富，黑白相间，格外艳丽。漆木器中一件完整漆木壶色彩艳丽，构图和谐。漆壶通体由

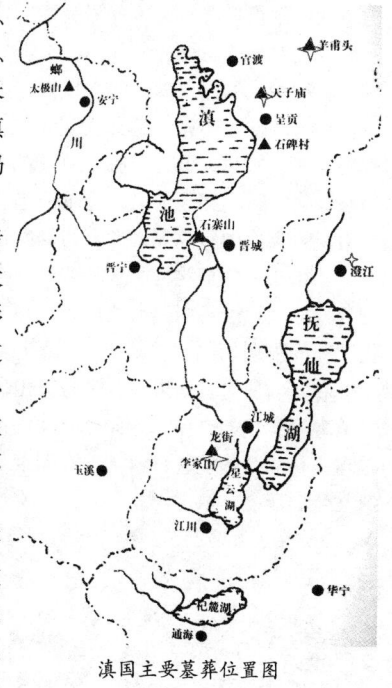

滇国主要墓葬位置图

网纹，分为红、黑和黄三段，分段用棕色绘制具有浮雕感的图案，上段疑似蛇纹，中段是一组具有某种象征意义的图案，下段是一群奔跑的兔子，生动活泼，反映了滇人漆器制造的较高水平。这些漆木器主要是青铜兵器和工具的木柄，叫做漆木柲。

一批甚为奇异的"祖形器"也使人感到惊奇。所谓"祖形器"，即表现男性生殖器的器物。这10多件木质"祖形器"一般通长20多厘米，一头是长10多厘米、粗5厘米圆形的"柄"，与男根相仿，光滑逼真；另一头是鹰爪形、牛头形、鹿头形、猴头形、人首形、水马戏鱼形、兔头形、猪头形等造型的木雕，高约10多厘米，浑然一体。奇特的是，祖形器中，还有铜铲的柄把。这批祖型器的出土，揭示了古滇人性生活的隐秘部分，但由于祖形器仅此发现，其他反映性生活的材料很少，要探讨滇国的性文化，还有待新的发现。

还有一件大小相仿的妇女造像也十分精彩。这位妇女衣着华丽，身穿风衣、短裙，形态端庄，跪坐在铜鼓之上，铜鼓后的"柄"却像一条马腿。雕刻相当细腻，色彩鲜艳。联系到祖型器的存在，该妇女是否就是墓主的造像呢？专家们也没有明确的结论。

羊甫头墓葬墓坑情况多种多样，也增加了人们对滇墓墓葬形制演变规律的认识。一些大型滇墓（如第113号墓）还为研究古滇葬制提供了新的墓例。

专家们认为：如果说晋宁石寨山、江川李家山等滇文化墓地奠定了滇青铜文化的格局，是鼎盛时期的滇文化青铜风格再现的话，那么羊甫头墓葬则构筑起古滇国漆木器及陶器的精彩框架，较大地丰富了滇文化内涵。

五、滇国与滇文化

自1954年进行石寨山墓葬发掘，50多年来，在以滇池为中心的周边地区发现和发掘了数十个春秋战国至东汉的墓地，除了前面介绍的江川县李家山、呈贡县天子庙、官渡区羊甫头外，还有昆明城郊的子君村、上马村、大团山，呈贡县石碑村、安宁县太极山、曲靖市八塔台、东川市普车河、宜良县纱帽山、嵩明县凤凰窝、富民县大营、石林县板桥、泸西县白沙坡、江川县团山、玉溪市刺桐关、华宁县斗阁、新平县嘎洒、元江县甘庄、个旧市石榴坝、澄江县黑泥湾和双树营等。以上墓地共出土随葬器物近三万件（不含贝币及零散管片），其中青铜器约有一万五千多件。

考古学家对这些墓葬中出土的器物进行分析归纳后发现，它们中大多数的形状、质地、花纹、工艺等有着许多共同的特点，于是，考古学家把石寨山、李家山等滇池及周边地区墓葬中的出土器物从考古学的角度命名为"滇文化"，又称"石寨山文化"。然后，再依据碳14的测定和文化背景的分析，从而提出"滇文化"存在的大致年代，即战国中期至东汉初期，时间大致有500年左右，也就是公元前3世纪中叶公元1世纪初。其分布范围东达曲靖，西至楚雄，北迤东川、昭通，南抵通海、华宁一带。

那么，"滇文化"与"滇国"是什么关系呢？

首先可以肯定的是，古滇国人是"滇文化"的主要创造者。石寨山、李家山、天子庙、羊甫头等墓葬都在当年滇国地域之内。滇文化出现的时间，也就是滇国出现的时间。如果我们把滇国认定为一个族群部落联盟，那么这个部落的形成与发展变迁有着它自身的历史，也就是说，青铜文化出现之前，滇池周边已经有部族联盟的存在。不过，由于族群部落联盟的组成比较松散，并不稳定，青铜文化的出现证明滇族群部落联盟进入相对稳定和成熟的时期。把滇文化出现的时间视为滇国出现的时间，应该是可行的。

当然，滇文化作为一种文化现象，是多源头文化的汇集与结晶，如果追溯它的源头，时间可能更早，分布范围更大，但那只是属于它的孕育期。

滇文化的核心是青铜文化。云南青铜器产生、出现的时间，虽然比中原地区晚了千年左右，但仍然有着悠久的历史。由中国科技大学等单位对商代中期河南安阳殷墟妇好墓中出土青铜器的铅同位素分析表明：其部分矿料来源于云南，说明至少在商代中期，云南就已经在开采和冶炼金属矿产资源。云南最早的青铜器是发现于剑川县海门口遗址中的青铜器，经中国社科院考古研究所放射性碳素测定为3115±90年，约当于公元前1200多年的商代末期。此后，海门口青铜文化向东发展形成祥云大波那文化和楚雄的万家坝文化，再往东发展形成滇池周边的石寨山青铜文化。所以，滇国青铜器的出现，并非天降神助，而是来自数百年铸造技术的积累。至滇国时期，云南青铜器铸造技术已经有八九百年的历史积累。

滇国经济相对发达，生活安定富裕，加上优美的湖光山色自然环境的陶冶，使滇人形成崇尚自然，追求真实的思想理念并得到充分发挥，从而形成了滇文化的特色，创造了辉煌。

然而，滇国消亡之后，滇文化并没有戛然而止。元封二年（公元前109年），汉军兵临滇池，滇王举国降，置吏入朝，汉武帝赐滇王王印之后，滇王虽然"复长其民"，但因益州郡的设置，滇王的权力大为削弱。从此以后，滇王也就销声匿迹，在史料中不复出现。也就是说，汉武帝赐滇王王印之时，其实就是滇国衰落之日。滇王王印葬入坟墓距离赐印的时间不会超过70年。但滇国的终结并没有宣告滇文化的终结，作为一种文化形态，滇文化仍在延续，一直到一二百年之后的东汉期间，才在中原文化的浸润融合下逐渐消失。

六、滇国的疆域和王城

滇国之"国",是一个地域概念

滇国称滇,显然因当地有滇池得名,而滇池之"滇",又有不同的解释。《后汉书·南蛮西南夷列传》说,滇国境内"有池,周回二百余里,水源深广,而更浅狭,有似倒流,故谓之滇池"。另一说云:云南整个地势西北高而东南低,大多数河流都是向南或西南方流淌,而唯独螳螂川、普渡河泄滇池之水,向北流去,与大多数河流的流向颠倒,故曰"滇"。还有一说是:"一日上一丈,云南在天上。巅者,天也。"

其实,这些都是后人的解释,司马迁写《史记·西南夷列传》时,与其他地名一样,用的当地族群称谓的音译,并无特殊的含义。据现代彝族仍称山间平地为"甸"分析,古夷人的"滇"应为"甸"。"滇池"就是山间平地的湖泊。

《史记·西南夷列传》中,司马迁把西南诸夷称之为"诸国"。他说:"秦时常頞略通五尺道,诸此国颇置吏焉。十余岁,秦灭。及汉兴,皆弃此国而开蜀故徼。"(秦朝时,常頞曾大略地开通了五尺道,并在这些国家设置了一些官吏。过了十几年,秦朝灭亡了。等到汉朝建立了,把这些国家都放弃了,而只将蜀郡的原来的边界作为国界)这里的"诸此国"、"弃此国"的"国",便是历史文献中把西南地区大大小小的"夷"称之为"国"的滥觞。

不过,细读《史记·西南夷列传》,我们又发现,司马迁单独称呼这些"夷"时,并没有单独称他们为"国",始终没有出现如夜郎国、滇国、邛都国、昆明国等称呼,只有在统称时,才用了"国"字。直接称为国的,只有中国和身毒国。除了滇王,他也没有把西南夷诸国的头领称为"王",而是称为"君长"。这一容易使人忽略的差别,说明在司马迁眼里,西南夷不过是一些有首领、有部族的聚居区域而已,与有着完整的政权体系和严格的礼仪制度的中国大不相同,并不是一个真正的国家。

大小滇国

不过,滇国毕竟是有人口、有土地、有军队、有次序、有范围的实体,称它为国也符合古人对"国"的理解。古代的"国"字,最早写作"或",是一个会意字。其中的"口"即人口,最早指的是一个有栅栏围着的聚落,"戈"是兵器,表示守卫,下面的"一",表示土地。后来用"囗"把"或"围合,成为"國"字。

那么,滇国的疆域有多大呢?

在《史记·西南夷列传》中,关于滇国的疆域,有大、小两种说法。

一曰:"滇小邑","西南夷君长以百数,独夜郎、滇受王印。滇小邑,最宠焉"。

二曰:"滇大国","使者还,因盛言滇大国,足事亲附。天子注意焉"。

也就是说,滇国的疆域有两个概念,一个是滇部族的本土,一个是滇部族统领下的部族联盟——"靡莫之属"。

根据近40年来的考古发掘工作,滇池区域及其附近地区发现与石寨山滇国墓地出土文物相同和时代相近的遗址及墓葬约40余处,勾勒出滇文化的分布区域。滇文化遗物的分布范围大致为:东至泸西一线;北达昭通等地;南抵新平、元江及个旧一带;西到安宁及其附近地区。这个地区东西宽约150公里,南北长约400公里。对照《史记·西南夷列传》,上述范围恰恰是"靡莫之属"的范围,即"滇大国"的范围。

不过,依照司马迁的记载,"滇"与"靡莫之属"毕竟不同,

24

"滇"只是西南夷中"靡莫之属"数十个部族中最大的一个部族,"靡莫之属"不等于滇国。因此依据历史文献和考古资料,滇国部族主要生活在滇中地区的滇池、抚仙湖、星云湖三个湖泊周围,其疆域包括了今昆明市的晋宁、呈贡、官渡、西山、安宁以及玉溪市的澄江、江川等地,即"滇小邑"的范围。

滇国王城实际是"王寨"

对于一个国家来说,首先受人关注的是:它的权力中心何在?统治这个国度的国王在哪里主宰这个国家?那么,滇国王城何在呢?

滇国王城所在地,我国古文献上从未记载过。一些学者通过文献记载和出土文物,进行了推断,提出了一个假设:滇国的王城就在今晋宁县的晋城镇。

他们的主要依据是:发现滇王王印的石寨山就在晋城范围之内,距离晋城仅5公里。元封二年(前109年),滇王降汉后,西汉王朝又在今云南大部分地区设置益州郡,益州郡的郡治设在滇池县,而滇池县治就在晋城。

这个推断很有道理,起码滇国的最后统治中心是在晋城附近。不过,由于至今没有发现聚落遗址,具体的位置仍不能确定。但同时,考古证实,有滇王气势的大墓,并不仅出现在晋城一带,天子庙41号、李家山24号、羊甫头113号等大墓的墓主都有一代滇王的可能。这些大墓的时间顺序先后不同,相距晋城也有一段距离,而且从滇国的社会结构和部落联盟的体制看,滇国的王位并不存在世袭的可能。哪一个部落强盛了,处于联盟的主导地位,那么这个部落的首领便成为整个部落联盟的首领,即登上王位。因此,滇国数百年历史,应该有若干统治中心,晋城只是最后,而不是唯一。

至于"王城"何在,如今仍然是个谜。不过可以断定的是,即便是滇王较长时期的统治中心,从当时的经济社会发展水平分析,也不可能有城墙围合的城市。修纂于北宋的《新唐书》载,昆州四县"皆无城邑"。也就是说，迟至唐初，滇池地区尚无有城墙围合的城池。即使西汉设置了郡县，县治仍然仅只是较大的村落而已。因此，所谓滇国王城，并不意味着就是有城池的繁华都市，它只是滇王居住其间的大的村寨，叫做王寨较为合适。

遗憾的是，至今为止，考古人员尚未发现任何可称为"王城"的遗址，甚至连一般的聚落遗址也鲜有发现。

2006年发现的玉溪市澄江县右所镇旧城金莲山遗址是目前唯一能够说明墓葬与聚落遗址的关系的遗址。金莲山遗址主要包括金莲山青铜墓葬群和学山古聚落遗址，均位于抚仙湖东北岸。

从目前考古勘探发掘和初步研究情况看，金莲山墓葬数量估计达千余座，其时代约从春秋时期至东汉时期，墓葬具有明显的石寨山文化特征，属于古滇国时期的墓葬。学山古聚落遗址亦为同一时代，两者相距不足1公里，证实滇国时期，墓葬距离人们居住生活的聚落不远的推断。

当然，金莲山墓葬群中，尚未发现突出大墓，学山古聚落遗址也不一定属于"王寨"的范畴，但是，由此也可以看出滇国部族聚落的建筑状况和建设水平。

我们期盼着，不久能够发现古滇王寨的遗址，从而真正解开这个千古之谜。

七、村落及住房

滇国的人口有多少,据《史记·西南夷列传》"滇王者,其众数万人"分析,估计有十多万人。滇中区域广阔,相对集中在以罗藏山(现名梁王山)为中心的滇池、抚仙湖、星云湖等湖泊岸边的山坡台地上。在滇池周边,由于当时水位较高,滇国部落的村寨主要分布在滇池东南岸边。而在抚仙湖、星云湖一带,则较多的集中在湖泊的西岸和南岸。

滇国时期,滇中地区的气候较今湿热,一片热带景象。自然环境及气候条件与现在的西双版纳傣族自治州相比可以说是相差无几,"四季如夏"。山上遍布茂密的森林,其中出没着犀、象、虎、豹、蟒蛇、野猪、野牛、狼、狐狸、鹿等野兽,犀鸟、鹰枭、孔雀、鹦鹉等飞禽。清澈湖水中鱼群遨游,岸边水草茂盛,多水獭、水鸟、蛙、鳄、鳖、虾、螺、水狸等。滇人就在这样的优越的自然环境之中建立了自己的家园。

自1956年发现石寨山墓葬以后的50多年以来,考古学家们梦寐以求的愿望之一,就是发现滇国的聚落遗址,以便探寻滇人的生活场景,研究墓葬与聚落之间的关系,建立起滇人生前死后的完整链条。但至今为止,较为完整的聚落仅在澄江有所发现。2008年,澄江学山古聚落遗址的发现令人惊喜,他终于使人们看到了滇国村寨的端倪。

虽然目前对于学山古聚落遗址的发掘尚未全面展开,但从考古钻探和验证性考古勘探,可以看出当时聚落的大致情况。这个聚落的房屋是围绕山头的边缘呈"U"字形分布,而中间则是一个用土回填起来的"广场",已经发现地面起建的房屋基址,还有有半地穴式生活遗迹。年代久远,地面建筑,甚至木构件都不见踪影。

好在古滇的工匠们已经把居住的房屋用青铜铸成精致的模型。几件出土于晋宁石寨山、江川李家山和呈贡天子庙墓地的房屋铜铸模型，铸工精细，不仅整座建筑的全貌、底架及上部建筑物均较完整，甚至连细部结构都看得非常清晰，而且还有人的活动。这些随死者葬入坟墓，让墓主人在冥冥之中，也有舒适的居所的冥器重现人间，我们又可以看到滇国人的居住空间，体验到他们生活的状况。

依据学山古聚落遗址的勘察情况和其他零散的遗存以及出土的相关器物，我们大致可以还原滇国村寨的原始风貌。

大多数的村寨都有一个大小不一的广场，这是人们祭祀、歌舞和晾晒粮食的地方。广场上都立有祭柱。有的村寨一侧建有两三层的露天台阶式建筑，这是他们观看斗牛的看台，或是歌舞演出的地方。

广场周边，根据地势的不同和人口的多少，分布着多少不等的房屋建筑。

从结构上看，滇国房屋建筑可分为"干栏式"和"井干式"两大类，从使用功能来看有居住用房和共用的工场、粮仓等。

"干栏式"建筑的名称来源于民族语言的汉语译音，或作"干阑"、"杆栏"、"阁阑"、"高栏"等，直译是"房子的上面"或"房子的上面部分"，意译就是"楼居"。"干栏"式建筑，指的都是建筑在离开地面若干米的木桩上的住宅，人居其上，畜处其下。这种建筑至今在滇南傣族、景颇族地区还比较常见。

干栏式房屋

滇人的干栏式房屋虽然简单，但是已有稳固梁架结构，简洁而实用，与湿热的气候有着密切的关系。不过，滇人的干栏式住房与今天滇南的干栏式住房有显著的不同。最大的差异是屋顶的构造。现今滇南的干栏式屋顶多为四面坡顶,屋脊短而檐口较长。而滇人的干栏式屋顶多为两面坡,屋脊长而檐口较短,而且椽子伸出屋脊,做交叉状。这样的屋顶构造使得两侧的走廊成为露台,是他们吃饭和聚会的场所。此外,滇人的楼梯比较简单,多为独木梯,设置在正面。

人们居住的上层有门窗,用木板分隔为两三间,前面及两侧附加宽敞的走廊,廊前又有栏板。下层养牲畜,无墙体,也是生火做饭的地方。

当时,滇国尚未有巩固稳定的一夫一妻制和经济独立的小家庭,还没有发展到专偶制的阶段,只是松散的对偶制,其居住单元仍以母系为主,类似于大家熟知的新中国成立初期的摩梭人家庭。

根据人口的多少,有的家族的房屋,则要复杂宽大,建有两三幢干栏式建筑房屋相连或围合,成为组群结构,建筑布局类似现在的"三合院"。

在单体干栏式建筑的基础上,有的建筑的形制和结构也有变化。头人居住的房屋除了正面的主体建筑物外,还建有宽敞平台,两侧还有附属建筑。作为厨房和休息乘凉之用。

井干式房屋,是在圆形或方形木料的两端开出凹槽,然后从地面层层交叉堆砌成房屋的底框和墙壁,墙壁一侧留出仅容一人弯腰进出的小门,这,就是他们的粮仓和堆放物品的地方。

从学山遗址勘探的情况看,村寨中还有更多的低矮的半地穴式房屋和窝棚,是贫穷的滇人的居所,体现了当时已经贫富分化的现象。

当然,有的村寨也少不了冶炼铸造的工场,但多为露天。大一点的村寨,周边有栅栏防止野兽的侵入。

八、从"头"说起

滇人的民族属性一直是古滇国和滇文化研究的热门话题。在语言要素缺失的情况下,专家们试图依据古滇人的发型、服装和生活习俗,破解他们蕴藏的密码,追寻他们的来源。

需要说明的是,中国古代并无"民族"一词,只用"族、族类、人"等词语,二者之间的内涵和外延因时代的关系有所不同。因此,我们今天讨论这个话题时,难免有混淆和交叉。

司马迁写《史记》时,西南诸夷已经"设郡置吏",归属汉朝。年轻时的司马迁是"经略"西南夷的直接参与者,但限于体例和篇幅,《史记·西南夷列传》对西南诸夷的社会生活状况记述甚少。

滇人

在介绍滇人的生产、生活状况时,司马迁在《史记·西南夷列传》中惜墨如金,高度凝练,仅用了九个字:"此皆魋结,耕田,有邑聚。"

司马迁所说的"魋结",描述的是发型。"魋结",也写作"椎髻",即将头发挽束成髻。"魋结"之外,还有一大类是"编发",即披发者。因为不同的结发形式,往往是识别不同族群的重要标志之一。这小小的"魋结",似乎隐含着古滇国人的族类信息,因此,探讨滇国人的族属,不能不从"头"说起。

滇国青铜器人物铸像中,不仅"椎髻"者众多,而且"椎髻"的形式也有所不同。

一般来说，男子的椎髻，皆在头顶，圆盘为馒头形。妇女的椎髻则有两类，一类是下垂至后颈，折叠成长髻，中间束带使两端上翘，似马鞍型，称为银锭髻；另一类则总挽于头顶，但发型比男子的发髻高大宽厚，有的髻上系一飘带，以示美观。

在滇国社会中，上至"君长"、首领，下至普通劳动者皆是"椎髻"，只有少数巫师出现了光头的情况。滇国青铜器人物造像中，也出现了"编发"者的形象，这类人物的头发披散过双肩，有的戴"发箍"箍住散发，佩戴大耳环、金属手镯，身着长衣。不过，这些"编发"者往往处于被监督劳动的苦力的地位，有的被捆绑、吊打和带枷买卖，甚至被杀戮作为祭品。看来，这是在滇国以西的与昆明族群战斗中捕获的俘虏，并不是滇国人。

从服饰看，"椎髻"者不论男女，均穿一件宽大对襟的短袖上衣，衣长及膝，以带束之，不着长裤，仅穿短裤或短裙。但是，在各种活动中居于首领地位的女子衣袖较长，而从事放牧、抬肩舆、执伞、宰杀牛羊、表演歌舞及做家务劳动的人衣袖较短，以便于劳作。

此外，滇国青铜器人物塑像中还有其他两类人数不多的人物，他们往往出现在"纳贡"的场面之中。

一是戴帽长衣者，帽子前窄后宽而无顶，帽前当额处有一扁桃形饰片，双耳戴大环，衣长及胫，跣足，无裤。二是窄长衣裤者。这类人高鼻深目，蓄长须，个头高于常人一头，脚上穿一双高筒皮靴，靴尖上翘。这些外貌和打扮与滇人迥然不同的人，显然是来自远方，或许就是来往于"蜀身毒道"的客商。

那么，这些人数众多的"椎髻"者，是属于自古生活在滇池地区的"土著"，还是属于来自外地的迁徙者呢？或者是二者的结合呢？

由于滇池地区旧石器和新石器考古发掘资料有限，尚不能勾画出生活在这里的人类从龙潭山晚期智人到古滇国社会发展的脉络，没有任何材料可以说明在这段漫长时间里，人们的发型、服饰和习俗发生了哪些变化。因此，当古滇国器物中的人物铸像重现人间时，人们无法用它进行深度的纵向对比，而只能与我国其他地区的族群进行比对。在这种横向对比中，人们发现滇国人与西北、东北和东南其他地区的族群有相似之处，于是，滇国人系外来民族的观点占了主导地位。

这里，简要的介绍几个具有代表性的观点。

越系民族说：这一观点认为滇国人属于遍布长江以南、东南沿海及两广地区的古老的越系族群的一支。此说的主要依据就是"椎髻"和"短衣"。古越人"椎髻短衣"，而滇人亦"椎髻短衣"，其衣服的纹饰也大体相似。而且在滇文化器物中，有肩石斧、有段石锛、铜桶、铜鼓、靴形铜斧等，都是越式器物。所以，追根溯源，滇人是越人支系，他们进入云南地区较早，称做"鸠僚"。

氐羌族类说：这一观点认为滇国人系来自西北的"氐羌"族群。其主要依据是司马迁的《史记·西南夷列传》，其明确地记述道：巴蜀西南外蛮夷，"皆氐类也"，所谓"氐类"，就是"氐羌"。而且滇国属于"靡莫之属"。《史记·张守节正义》认为："靡莫"之属的"靡莫"，快读为"僰"，即僰人。而僰人是部分氐羌族从山西南下，曾在川南建立僰侯国，再由川南进入云南东部以及滇中地区，称为"滇僰"或"蛮僰"。一些民族学家认为，新石器时代末期以后，云南各民族的分布情况已经基本稳定。就元江以北的滇东、滇中以及滇西的部分地区而言，主要分布的是氐羌系统的民族，其中居住于坝区，从事农业生产的，就是"僰人"。从考古看，滇文化受到北方草原文化的影响已是公认的事实，不仅有许多器物属于氐羌民族文化，而且滇人生活的一个重要方面——放牧习俗，以及封牛、大狗等无不与氐羌民族有关。

濮人族系说：濮人最早见于《尚书·牧誓》，曾参加周武王"伐纣"会盟。分支众多的百濮原居住在江汉地区。西周时，濮人散居楚国的东、西、南境。公元前611年（楚庄王三年），楚国向百濮居住地扩张，百濮从此开始大规模南迁，故有了以后西南诸夷（南迁濮

32

人)"皆楚庄之后"一说。濮人长期在楚地活动,其文化面貌应受楚影响较多。滇国出土器物中,从使用铜鼓、铜釜、铜锄、铜鼎、铜锸、编钟、蛙人纹装饰兵器等到填塞膏泥、垫木、腰坑或封土堆等葬制,都有楚文化的因素,这些楚文化因素很可能都是濮人带入的。濮人带来先进的手工业生产技术,是滇国青铜铸造技术得以长足发展的重要原因之一。从人物的发型上看,处于滇国首领地位的男子和妇女都是将椎髻"缟"系于头顶,而这也是濮人的特点。

本土滇族说:新石器时代以前,今云南地区的住民与外界的联系交往甚少,他们通过劳动不断的改进生产工具,提高生产力,改变自己的生活状况。但由于地理自然的因素,相对封闭落后。到了新石器时代晚期,由于各种原因,靠近云南高原的氐羌、百越部族沿着河流形成的峡谷分别从西北、东北和东南进入云南高原,在滇池地区交汇。这些部族进入云南的时间和规模并不相同。他们的生产方式和生活习俗虽然对当地住民产生了很大的影响,但是,在地形地貌造成的相对封闭的环境中,外来族群大多均"从其俗"融入了原有住民之中,形成了地域特色鲜明的部落群体,就连庄蹻率领的数万楚国大军到了滇池地区,也"变发,从其俗",消失得无影无踪。因此,滇国人仍是以土著族群为主,有学者称其为"滇族"。

上述各说,都有其事实依据,都有道理。无论"外来"说和"融入说"都说明了一个事实:滇国时期,滇中地区因其独特的地理位置和地形地貌,在特定的历史条件下,形成了一个众多族群的融汇之地,是一个多元民族文化的熔炉。

九、多族群共同的家园

由于地理、历史的原因，探讨滇国族群的形成，不能不考虑受到以下因素的影响。

其一，云南是人类最早的发祥地之一。

开远小龙潭出土1400万年前古猿牙齿化石，禄丰石灰坝发现800万年前腊玛古猿数十枚古猿牙齿，元谋县发现170万年前猿人牙齿化石，都雄辩地证明云南高原及其附近地区是人类起源的地区之一。滇池地区是早期人类生息活动的区域，滇池岸边呈贡龙潭山出土的古人类颅骨化石，证明远在3万年前，滇池周围就有了晚期智人活动的踪迹，考古学界把他们命名为"昆明人"。他们在这片土地上生生不息，通过劳动不断改进生产、生活工具，发展生产，改变自己的生活状况。新石器时期，滇池周围依山靠湖而居的人们在采集植物果实根茎、捕捞水产动物、猎捕野生动物的同时，也开始了早期原始的农业生产活动。

其二，云南是高原地区，属青藏高原南延部分，地势险峻而复杂多变。巍峨雄伟的乌蒙山、横断山、哀牢山、无量山纵横罗列；怒江、澜沧江、金沙江、元江和南盘江奔腾不息，切割出悠长深邃的峡谷。整个地势呈阶梯递降面貌。其西北部最高，南部、东南和西南部最低，海拔相差很大。这种地形地貌虽然不宜于人们的交往与经济发展，但也因此让居于此者远离中原地区的战乱，相对和平安定。由于云南高原纬度较低，总体上气候温暖，雨量充沛，无霜期长，光照条件好，适宜多种生物生长，为人类的生存提供了优越的条件。按照现在云南省的面积计算，山地占总面积的84%，高原台地、丘陵约占10%，坝子（盆地、河谷）占6%。其中10%高原台地和丘陵可以耕种外，在6%的平坝中，面积在1平方公里以上的大小坝子共有1442个，坝子里常有淡水湖泊镶嵌和河流蜿蜒其中，显得格外瑰丽晶莹，是人类居住理想之地。

因此，到了先秦时期，云南高原成为众多部族的迁徙之地。

云南虽然山岭纵横，但也江河众多，大小600多条河流，分别属于怒江、澜沧江、金沙江（长江）、元江（红河）、南盘江（珠江）和伊洛瓦底江（独龙江）六大水系。这些江河从地理上把云南与祖国其他地区及东南亚连为一体。沿着这些河流，形成了许多河谷。在古代交通手段落后的漫长岁月里，这些河谷成为部族迁徙的通道，而且迁徙规模与声势之大令人难以想象。

因此，在中原和西北、东南等地竞争中失败或的或自古游牧的部族，纷纷从不同的方向，向远离残酷争斗的云南高原迁徙。对他们来说，云南就是香格里拉，就是世外桃源，就是伊甸园，就是自由的乐土。

关于先秦时期的古代族类，大致说来，夏代初年，我国已经形成了四个比较大的族系，即氐羌、百越、三苗和百濮。以黄河中下游为中心，氐羌部落群体分布在西北，百越部落群体分布在钱塘江以南的东南沿海地带，三苗部落群体分布在东边，百濮部落群体主要活动在西南的今湘西、黔东北及四川东南部相连的地区。各个不同的民族群体，虽然各自有一个基本的共同分布区域，但也存在互相交错的现象。

夏、商、周时期，地域上比较接近的氐羌、百越、百濮、三苗中的一部分逐步同化融合，形成了华夏族群，至汉代形成了汉族；其他部分则成为了分布在不同地区的各少数民族。按照方位称为东夷、西戎、南蛮、北狄，即所谓四方之夷。从《左传》、《国语》等先秦史籍可见，四夷事实上都包含有大量不同的族系。这也是《史记》所称"西南夷"的由来。

据云南民族史学者研究：大概是在新石器时代晚期，上述四大族群，除了三苗部落，分属于氐羌、百越、百濮三个部落群体的部落，都沿着不同的通道从各个方向进入今云南地区。到春秋、战国时期，云南境内已经是一个多民族共同杂居的地区。滇中滇池地区，因其适中的地理位置和优越的自然条件，成为多族系部族的交汇之处。

这种现象，在全国来说，极为罕见，可以说是民族迁徙史上的奇观。以至于发展变化到三四千年后的今天，云南仍是全国少数民族种类最多的地区。新中国成立后在云南认定的25个少数民族，基本上都能从氐羌、百越、百濮三个部落群体找到源头。

从目前的研究情况看，围绕滇国的主要民族属性，产生了不同的观点，学术界还没有一个明晰统一的结论。不过，上述各种观点，都承认一个基本的事实，那就是古滇国是一个多民族组成的民族共同体，是多民族共同的家园，自然也是民族文化的熔炉。

综合各种不同的观点，我们是否可以做这样的猜测：

远在3万年前，滇池周围就有了晚期智人活动的踪迹。新石器时期，人类活动显著增多，进入早期原始社会时期。

到了新石器时代晚期，由于各种原因，少数氐羌、百越部族人口沿着河流形成的峡谷分别从西北、东北和东南进入云南高原，寻找安身之地。

春秋战国时期，氐羌系部族中的僰人大量先后从东北面进入云南高原，形成分布较广的滇僰，他们的文化对滇部族也产生了很大的影响。

战国时期，百濮开始大规模南迁，从而把楚文化带入滇池地区。濮人的到来，激活了当地原住民们的创造力，滇国青铜文化也进入蓬勃发展时期。

因此，到了战国晚期，滇池地区已经成为越、羌、濮等迁徙部族与原住民的融汇之地，他们在这片世外桃源融合在一起，形成了地域特色鲜明的部落群体"滇族"。滇族组成的部族联盟，即后人所称的滇国。

同时，西南地区通往印度的古道——蜀身毒道，以及通往交趾的出海通道，建立了当时东西文化交流的纽带。滇文化受到东南亚、中亚的影响显而易见。

这种多族类的组合交融以及同内地、东南亚、西亚的交流，孕育出丰富多彩和具有独特艺术风格的滇青铜文化。这样我们便不难理解为什么处于滇文化鼎盛时期的石寨山、李家山墓地出土的青铜器，以及羊甫头出土的漆器、陶器会呈现出如此显著的"四不像"特点。它们既非楚文化，也非草原文化和中原文化，而是诸多文化相交后的变异，这一特色鲜明的"四不像"，便成为独一无二的灿烂滇青铜文化的最好注解。

十、滇国镏金铜像与社会结构

鎏金又称镀金,是滇国青铜器上较流行的一种加工技术。战国末至西汉时期,滇国的鎏金工艺更臻成熟,鎏金青铜器出土的数量也多。不过,在滇国青铜人物中,我们可以看到一个十分醒目的事实:在众多的人物中,有两种人物形象不仅享受了镏金的待遇,而且较为高大,往往处于中心或突出的地位,那就是军事首领和女性首领。

这些镏金铜像向后人传递了这样一个明白无误的历史信息:在滇国,在不同的社会活动中,有着不同的首领。男子首领出现在战争、狩猎等活动中,而在祭祀、耕种、纺织等部落内部重大活动中,起主导作用的却是身份显贵的妇女。军事首领、女性首领都有着崇高的地位和作用,难分主次,这说明,在滇国社会中,并没有出现具有至高无上权力的首领。女首领普遍存在并在实际生产、生活中受到尊敬,例如,她们出行时乘坐轿舆,抬舆

军事首领

者都是男子,由前后二人或四人担抬,说明母系氏族社会的色彩仍然比较鲜明。所说的滇王,只是军事首领而已。

根据滇文化出土器物,特别是青铜贮贝器上人物群像分析,我们可以看到滇国的社会结构:

——滇国生产中男女分工明确。妇女多承担农作、纺织和制陶等劳动;男子则从事狩猎、放牧、冶金,并在战斗中充当武士。

——滇国的农业生产、畜牧业生产、纺织生产和日常生活中,已

经出现了受人驱使的奴隶，奴隶还被杀戮、处刑和出卖。但是，从总体上看，奴隶在总人口中只占少数，使用也不普遍，绝大多数本部族成员仍为"自由民"，尚未形成奴隶主和奴隶两大集团。

——当时滇国已有贫富分化，社会有着明显的等级，男女首领之下，是巫师，其次是一般劳动者，最底层的便是战争中的俘虏或掳掠而来的外部族人员。男女首领占有更多的财富。

——各部族的家庭形式还是很不稳定的对偶婚，尚未有巩固稳定的一夫一妻制和经济独立的小家庭，还没有发展到专偶制的阶段，早期传下来的共产制家户经济尚未完全解体。年长的女性是家族家庭的主宰。

女首领

石寨山出土的一件虎形耳束腰筒形贮贝器，器盖上铸有氏族家庭集会的场景。在这个直径32厘米的小小盖面上铸有圆雕立体人物多达127人，这些各具神态人物有男有女，有老有少，大多围绕在一个干栏式平台周围。而平台上端坐着一位体型高大、发髻高耸的女性，是为这个家族的首领。她的前面两侧，一边坐有三人，应该是各家庭的头人。他们的四周有序地摆放着16面铜鼓，家族首领后面的铜鼓尤为高大。文物专家命名这件铜鼓为"诅盟场面铜贮贝器"。"诅盟"是原始宗教的一种宣誓约定的形式。这个贮贝器上的场景如果真是"诅盟"的话，也应是家族内部的"诅盟"。

按照恩格斯的《家庭、私有制和国家的起源》一书和摩尔根《古代社会》的观点，当人类进入野蛮时代的中级阶段，即中级原始社会时期。这类社会一般规律是：氏族成员的地位平等，公共事务由选举产生的氏族首领酋长管理。酋长在氏族内部没有强制的手段，仅仅在出征时才能发号施令。酋长的职位在氏族内采取兄终弟及的方法世袭，一旦出缺，必须立刻重新补上。重大事务则由氏族成员组成的氏族会议决定；对外的冲突，则由战争来解决，战争提供了新的劳动力，俘虏变成了奴隶。

在氏族部落生活中，必须严格按照血亲关系

议事场面

分成两个以上的氏族，并按血亲和辈分进行婚配。禁止长辈与晚辈之间的通婚，也排斥兄弟姐妹之间的婚配。但这时的婚姻是一种双方可以轻易解除的个体婚姻，即所谓"对偶制家庭"。这种对偶制家庭，本身很脆弱，还很不稳定，不能使人需要有或者只是希望有自己的家户经济，因此它根本没有使早期传下来的共产制家户经济解体。但是共产制家户经济意味着妇女在家内的统治，正如在不能确认生身父亲的条件下只承认生身母亲意味着对妇女即母亲的高度尊敬一样。

这些观点与当时的滇国部族的状况何其相似？由此可见，当时的滇国，还是一个处于氏族社会的部落联盟，是血缘关系结合的若干宗族结合体。

这一状况，从滇国墓葬中也可以得到一些证实。

滇国时期的墓葬，就目前发掘的考古资料看，全部为长方形竖穴土坑，无一例外。但滇国墓葬的大小、葬具和随葬品的多少，存在很大的差异。

有的墓坑较大，一般都有木棺，少数棺外又有木椁，随葬品不仅数量多、品类繁，制作工艺也极精美。而大多数墓坑较小，无葬具，有的仅有一块木板,个别墓中有稻草或竹皮的编织物,葬品很少,甚至没有。由此可以看出,被埋葬者的社会地位和经济状况有很大的差距,大墓应该是滇王及各部落头人的墓葬。无论是大墓和小墓,均为单身葬,说明滇国的对偶制婚姻并不稳固,也不存在殉葬的现象。

滇国墓地大多是数十座或百余座排列整齐的墓葬在一起,以一座或几座大墓为中心,周围分布着众多的中小型墓,墓间距离仅1米~2米,有的相距只有45厘米;呈贡天子庙墓地正中为一大墓,周围分布着43座小型墓葬。显然,这是家族的墓地,反映了滇国以氏族为中心的社会结构。

此外滇国墓葬还有因性别不同,随葬品亦有区别的现象存在。如李家山墓地,凡男性墓随葬品多以兵器及仪杖器为主;女性墓则多纺织工具及针筒、线盒之类的生产、生活用具。呈贡石碑村的117座滇国墓葬,墓室结构、大小虽同,随葬品种类却有明显的区别。一般男性多为几件兵器或生产工具;女性墓至少有一件陶纺轮或一二件陶器。这种因性别不同随葬品亦有区别的情况,在滇国以外的墓地却很少见到。

十一、后母戊鼎和石寨山铜鼓

鼎是商周青铜文化中最常见和最神秘的礼器之一，后母戊鼎是商鼎的代表器物之一。铜鼓是一种流行于滇国的礼器，但兼有多种功能，石寨山型铜鼓是其典型代表。

为什么把这两件产生于不同时期不同地区的器物进行比较？因为它们在不同的社会都起着头等重要的作用，都是当时当地社会组织中具有表达统治者意志这一功用的器物，即所谓"重器"。同时，它们都有一个共同的起源，它们的前身本来是古代的烹饪之器，是用以炖煮和盛放鱼肉的锅。

锅是日常用品，与人的生活息息相关。由于经济发展水平的不同和文化的差异，铜锅在中原演化为铜鼎，而在滇国演化为铜鼓，都成为祭祀的重要礼器。

令人们感兴趣的是：为什么同样是普普通通的煮食物的锅，在发展演化进程中，会出现不同的演化结果。在中原地区发展成为作为礼器的鼎而在商代达到高峰，在西南地区却发展成为铜鼓

滇国铜鼓

而在滇国成熟完善？同时，在商周青铜器中，绝对没有铜鼓这一器物；而在古滇青铜器中，仅在天子庙第41号墓出土了一件巫师纹青铜鼎，独一无二。

中国多种多样的环境是多元文化形成的舞台。黄河中下游广袤的黄土地无疑为农耕提供了极佳的自然条件，因此，黄河中下游的人类社会发展进程相对较快，由此而产生的中原文化主导和影响着整个中

华文化的发展走向。

中原地区，商朝立国约600年（约公元前1600年~前1046年），由于青铜冶炼技术的提高、天文学和历法的进步和甲骨文字的成熟，商代的经济和文化有了长足的发展。在这一经济文化基础上，商朝的国家政治制度进一步完善。

为了维持其统治，商王朝不仅制定了严酷的法律并建立了庞大的军队，设立了监狱，通过礼仪定式与礼制规范塑造人们的行为与思想。通过礼制规定人与人之间关系的礼法，来维护一个稳定的社会统治秩序。中国礼制的核心是它的宗法制度。这个制度的完善时期在西周，但在商代已经成型。他们把祭天、祀祖的礼仪结合起来，极力宣扬帝王"天命神授"观，通过树立皇帝的绝对权威从而达到巩固统治的目的。而这时，中原地区的青铜制造进入发达时期，大量青铜鼎的产生在所必然。

起初人们用锅将煮熟的食物敬献给天地、祖先时，在此过程中锅逐渐演变成为鼎。商周时期的鼎，是社稷的象征，是国家和权力的象征，被视为立国重器，被赋予"显赫"、"尊贵"的意义。传说夏禹曾收九牧之金铸九鼎于荆山之下，以象征九州，九鼎就成为传国重器，是国家政权的象征，所以古书有"天子九鼎"、"桀有昏德，鼎迁于商"、"商纣暴虐，鼎迁于周"的说法。鼎也是贵族身份的代表。典籍载有诸侯七鼎、大夫五鼎、元士三鼎或一鼎的用鼎制度就是证明。同时，鼎又有旌功载德的功能。王公大臣在重大庆典或接受赏赐时都要铸鼎，以旌表功绩，记载盛况。后母戊鼎就是商王祖庚或祖甲为祭祀其母所铸。

云南地区虽然是铜的重要产地之一，但青铜器的出现比中原地区晚了一千多年。当云南进入青铜时代门槛的时候，滇国尚处于氏族部落由母系氏族制向父系氏族制过渡的阶段，其农业还是刀耕火种的原始农耕。部落联盟的统治还存在原始的民主制，氏族议事会为领导机构，还没有将"天命"与权力挂钩，尚未形成礼制、政治制度完善的国家，没有社稷观念，也没有"天子"之说。他们崇拜的，仍是自然神灵。诡异神秘的蛇，往往成为祭祀的对象。祭祀自然神灵并不需要熟食，铜锅于是演变成为召集民众祀神灵的打击乐器——铜鼓。鼓声响起，感天动地，隆隆鼓声中，人们载歌载舞，祈祷平安、风调雨顺。铜鼓在滇国，还兼有联络和指挥部族对敌作战的功能，其响亮的声音，便是战斗的号令。同时，铜鼓又是一种日常使用的乐器，寄托着能歌善舞的滇国人民的喜怒哀乐。早期的铜鼓，仍然具有煮食的功能。更令人意外的是，铜鼓还衍生为滇国一类独有的器物——鼓型贮贝器，正是这种贮贝器上的具体生动的人物群像，记录了当时滇人的社会状况。

从后母戊鼎和石寨山铜鼓的不同使用功能，我们看到了处于不同社会进程中的的政治理念。

商人视鼎为社稷的象征，因此他们视鼎的稳重造型为美，认为其显现出庄重不可动摇的气势。出土于河南安阳的后母戊鼎为长立方型，口沿很厚，轮廓方直，上竖两耳，四足，高133厘米，重875千克，因其腹部著有"后母戊"三字而得名。该鼎是中国目前已发现的最重的青铜器。为了追求神秘感，

后母戊鼎

后母戊鼎周围则布满兽面花纹和夔龙花纹。这些兽面纹又称饕餮纹，是以虎、牛、羊等动物为原型，经过综合、夸张等艺术处理手法而创造出的抽象图案。

滇国人将古朴简单的楚雄万家坝型铜鼓发展为形制稳定、铸造精细、图饰丰富的铜鼓，由于以石寨山古墓葬群出土的铜鼓为代表，所以称为石寨山型铜鼓。

铜鼓的声音来自敲击鼓面产生的振动,并经过鼓腔的共鸣与鼓口的扩散。滇人追求铜鼓的音响,又要便于移动,因而鼓面圆而平,壁薄而中空,造型轻灵秀气。石寨山古墓群14号墓出土的一面西汉铜鼓通高31厘米、面径41厘米,胸部呈半弧形外突、超过鼓面,腰部收束,两旁各有一对半环耳,足部外侈。铜鼓纹饰是一些纪实性的图案如太阳纹、三角纹、弦纹、锯齿纹、圆涡纹、翔鹭纹等,还有古代滇人生活特征的龙舟竞渡纹饰,体现了对自然的热爱和写实的风格。

另外要说的是,商朝没有铜鼓,但并不是他们没有鼓一类的响器。在新石器时代,中原地区就出现了陶鼓。陶鼓又称土鼓,是用陶土烧制成鼓框,再蒙上动物的皮革做成。这种以皮革制作鼓面的方法一直延续发展至今。而滇国出现的唯一的巫师纹青铜鼎,显然是受到中原文化的影响而结合自身的理念而制作,只是滇国的社稷传承不强,尚无完备的礼制而没有广泛流传。

十二、滇国人物与三星堆神像

司马迁《史记·西南夷列传》中所说的西南，固然是指汉国土的西南，也是巴蜀（重庆四川）的西南。西南夷与巴蜀山水相连。他在介绍完西南夷的七个板块后特意说："此皆巴蜀西南外蛮夷也。"由此可见在史官们的眼中，巴蜀文明程度远比西南夷为高。

蜀国是位于今四川成都平原的古国，它的存在时间相当于中原地区的商代。在这个"蜀道之难，难于上青天"的地方，它的青铜文化以三星堆为代表，也独树一帜，震撼人心。

当你走进灯光幽暗的三星堆博物馆展厅，那些在集束灯下熠熠生辉的青铜人像、面具、神树令人眼花缭乱。恍惚之间，就像进入了一个梦幻世界或太空外星人的茫茫空间，而不是走进了历史的隧道。

三星堆青铜人像大小不同，数量众多。其中不乏器形高大、造型夸张者。一个立人像高达2.62米，重180多公斤，此人头戴造型奇特的面具，脸的轮廓呈方形，粗刀眉，杏眼圆睁，眼角上吊，直鼻隆准，阔嘴薄唇，双唇紧闭，嘴角下勾，云雷纹形大耳。神情肃穆庄严，给人冷漠神秘的感觉。巨大的双手握物成圈，右上左下举至胸前。其身体的某些部位亦与常人大不相同，尤其是颀长的身材与一双巨手十分夸张，非世间人所有。整体给人的印象，这是一位大异于常人的角色，奇异的外观似向人表示他具有特殊的身份，据说是位巫师。

蜀国面具

三星堆出土的众多青铜面具，大多具有正方形脸庞、刀眉、杏眼、阔嘴这些共同的面部特征。造型最奇特、最怪诞、最威风的要算是一件重达80多公斤的青铜纵目面具。该面具眉尖上挑，双眼斜长，眼球呈柱状向前凸出达16厘米的。它的面部至两耳尖通宽138厘米，高66厘米，造型极度夸张。方形的脸看起来似人非人，似兽非兽，角尺形的双耳向两侧充分展开，耳尖部呈桃尖状，如兽耳一般；鹰钩鼻，口阔而深，口角深长上扬，超过常人的面相。

蜀国巫师

这里举这两个例子，是因为笔者从云南来，面对这些奇异的青铜器物，自然联想起滇国青铜器中的人物造像。

在滇国青铜器中，60件面积不大的贮贝器的平坦的盖上雕铸着各种立体人物、动物、房屋等，最多的一件贮贝器盖面上，竟有人物132人之多。此外，在扣饰、兵器等其他器物上也有许多人物浮雕或线刻。

滇国青铜器中的人物体量都不大，除了单体的持伞铜俑高50厘米左右外，大多都在10厘米以下，而且大多数人物都属于群体的一员，处于与房屋、祭柱、工具、牲畜、动物等构成一定的场景之中。虽然他们的面目不够清晰，但其发型、服饰等都有严格的区分，动作形态亦栩栩如生。从中，今天的人们不难看出他们在做什么，怎么做。依据盖面上雕塑体现的内容不同，考古专家们分别命名为杀人祭铜柱场面贮贝器、祈年初耕贮贝器、纳贡场面贮贝器、战争场面贮贝器、放牧上仓场面贮贝器、舞乐场面贮贝器、狩猎场面贮贝器、纺织场面贮贝器、耕种场面贮贝器、立牛贮贝器等等。

如果就贮贝器上单体人物看，体量较大的是鎏金骑士贮贝器上的骑士。但这位骑士也仅有10厘米左右。骑士佩剑，全身鎏金，显得格外耀眼醒目。这一与众不同之处，说明他应该就是一代滇王的造像，但是他身穿短衣窄裤，椎髻，与常人无异。所骑之马昂首，翘尾，而

47

在他的周围是4头膘肥体壮的公牛,充满生活的气息。

滇国也有巫师,但滇巫的形象,虽然在服饰、发式及体态上与常人不同,但体形上却与常人无殊,而且巫师有男有女。目前在滇青铜器中,巫师造像除了二人盘舞鎏金铜扣饰上那两个长袖短衣长裤,平托圆盘,腰佩长剑,足践双蛇,展臂迈步踏歌的巫师外,其他巫师形象大多都镂刻在铜鼎、铜鼓、铜剑等青铜器的某些部位。如呈贡天子庙41号墓出土的铜鼎的足部的巫师造像,头戴兜鍪,饰羽冠,全身披铠甲,手持一上端有歧角的棒状法器,肃穆站立。晋宁石寨山13号墓出土的一件铜鼓胴部亦镂刻有一位巫师形象,衣饰穿着与天子庙者基本相同,但手中所持物为弓箭。女性巫师则见于石寨山13号墓出土的一件铜鼓胴部,共镂刻了一组三位女巫的形象。三女巫位于一只船上。左边第一人身披虎皮,第三人身披豹皮,虎尾与豹尾高翘于后,二人头后部皆有火炬状巨大发饰。两人前后相随,身体伛伏,头皆扭向后方,手执短柲戈前伸。右边的一位女巫侧身站立,面向二女巫,手持锣状乐器敲奏。表现的是她们正在从事某种宗教活动的场面。

从这些巫师的不戴面具,服饰大异于常人,但体形与常人无异的情况看,他们在滇人心目中还是人,只是在举行宗教活动时,才具有沟通天地人神的地位。

因此,观赏古滇青铜器,如同观察一个真实社会的微缩景观,所见都曾是真实的存在,

滇国巫师

通过它们,可以了解一个消失了2000多年的社会的风土人情、衣食住行、宗教信仰以及社会结构等方方面面,解读人类社会的一段真实的

历史。而三星堆则不同，古蜀人把神话传说和历史混在一起，一方面把神话传说中的人物作为历史人物赞颂，一方面在真实的历史人物的身上涂上神话的色彩，使人分不清什么是真实的历史，什么是艺术的想象和夸张，在浪漫主义幻想的广阔空间中使你叹服，令你倾倒，从而留下无尽的谜，让人去猜想。

如果说，商代中原青铜器给人的感觉是庄重、礼仪、繁缛的话，蜀国青铜器洋溢的是浪漫、夸张和神异，而滇国青铜器则体现了真实和自然。这就是三种文化的魅力所在，也是价值所在。

专家们说，从三星堆遗址的规模、特质看，古蜀国已经是一个超地缘的多民族"政教合一"的国家。人神合一，蜀王、巫师、神祇三位一体，完全超越了现实，超越了自然，使得蜀王有着至高无上的权力。这是古蜀国统治者加强与巩固自己统治的必要的产物，也是蜀国经济文化发展到一定阶段的产物。

滇国是由若干部落组织起来的部落国家，这些部落在经济上是独立的，因人口多寡、经济和军事力量的大小而有强弱之分，并没有形成高度的权力中心。从宗教信仰看，滇人信奉的应该是一种"自然崇拜"的原始宗教。他们认为，凡人们生产、生活中接触到的天体、山石、河流、动物、植物皆有神性。这些具有神性的自然物会随时随地降凶吉祸福与人，无时无刻地影响着人们的生存。在这种氛围中的巫师，对于滇人而言，只是沟通现实中的大自然和具有神性的大自然之间的桥梁性人物，他们在滇人心目中还是人，他们的形象也只是被镂刻在青铜器的某些部位而已。

滇国和古蜀国都没有文字，不同的青铜器构成了不同的史诗。

十三、狂热惨烈的祭祀

清晨，金色的阳光洒满滇池，波光粼粼，几朵彩霞挂在湛蓝天际，滇池南岸青葱大地上一个个村寨，炊烟袅袅，这是一个明媚的春日。蓦然之间，远远传来响亮的鼓声和锣声，"咚——""哐——"这厚重而悠长的铜鼓和铜锌的声响，在宁静的空气中弥散，召唤人们集中播种的时节到了，滇人即将举行隆重的社祭。

鼓声和锣声来自一个大型村寨的广场，一男子正持锤奋力地、有节奏地敲击铜鼓和悬挂在架子上的铜锌。

广场上矗立着高高的社柱，这是他们的神坛。柱头、柱身上用木材制作了两条巨蛇做盘旋状。其中一蛇正吞噬一人，这人之上半段尚露于蛇口之外。这种令人畏惧的凶猛神秘的蟒蛇，已经成为他们祈祷保佑安康、兴旺、发展和威慑邪恶的偶像。

周围已经安放好巨大的神圣的祭器——饰有光芒四射的太阳纹的铜鼓。

社柱之旁，捆绑和用枷锁禁锢着两个垂头丧气的活人，这是两个属于昆明部族的战俘。他们知道，自己年轻的生命即将结束，他们的头颅和鲜血，将被奉献给冥冥中的神灵，成为滇人今年丰收的寄托与希望。以农业为主的滇人认为，只有用"血祭"的方式才能使农作物茁壮成长，也才能收获到更多的粮食。

广场边一幢四无遮拦的楼台上下，呈现出繁忙的景象。楼上中央坐着主持祭典的人——一位梳银锭髻的女人，另有8人列坐两旁，正在进食。而楼下一群人正忙碌地杀牛宰羊，准备祭祀用的其他供品，附近还有以蛇喂孔雀和饲虎的人。

这时，已经到来的人们或席地而坐、或俯身交谈、或相互嬉闹。他们中有人带着箩筐，准备分享祭祀后的供品；有的还带着鱼等捕获物，准备在祭祀活动之后进行交换。还有不少人正骑马陆续赶来。等待的人群中还有着异族服装的人，他们是应邀前来的客人。

一个虔诚的仪式马上就要开始，看得出来大家都很兴奋，除了绝望的昆明族囚徒，尽是滇人的笑脸。人群热切盼望着他的鲜血滴洒在滇池畔的红土中，这样，今年的庄稼就会茁壮生长。

祭祀场面贮贝器

这就是石寨山出土的虎耳细腰贮贝器盖上反映的祭祀场面。盖上铸有127人，生动形象地表现了滇人社祭正式开始前的状况。

另一件同样出土于石寨山的贮贝器则记录了祭祀活动结束时的状况。

在这件石寨山发掘报告称为"杀人祭铜鼓场面"的盖面上的大铜鼓已经重叠起来，说明祭祀仪式已经结束。塑造的32个人物中，比较突出的是有15人形成了簇拥着一滇国的妇女乘轿舆前行的队伍。除了抬轿的两人、路边跪拜的一人，其他12人有的荷锄、有的手持点种棒、有的头顶箩筐、有的提篮、有的骑马，显然，这是一支播种的队伍，祭祀仪式结束之后，在妇女首领的率领之下，兴高采烈地向农田走去，开始今年的第一次播种。

其他的人物比较散乱，除了被砍去头颅者一人的尸体和缚于木牌的一个俘虏，一些不参加播种的人各行其是，神态各异。

当然，后一个场面不一定是前一个场面的后连续，因为祭柱的式样有所不同，但从其人物情节看，应该就是祭祀前后的真实反映。

如同其他处于同一发展时期的氏族部落一样，滇国人对大自然和人类生存的心情充满了矛盾。一方面他们对赖以生存的山川土地、日月风雨、花草林木、禽鱼虫畜等满怀热爱与崇敬之情,同时,又对阴阳雷电、洪水猛兽、疾病死亡等充满了深深的恐惧。他们对复杂的自然现象和自身的生老病死的解释是"万物有灵",大自然和人生所有一切都由神灵支配,于是,他们对万物都满怀敬畏,这就是今天所说的以"自然崇拜"为核心的原始宗教。

原始宗教活动中的集体祭祀是滇国的一件大事。通过祭祀,他们祈盼超自然的神灵的保佑和恩赐。这些神灵依据祭祀内容或部族的不同有所侧重,但不外乎天地、猛兽、祖先等。滇人的祭祀仪式是在女首领的主持下,由巫师主导依次进行剽牛、杀人、舞乐等程序。当然,每一次祭祀,并不一定杀人,大多数时候,仍以牛羊作为牺牲。

对古代原始民族来说,祭祀活动既是庄严肃穆的宗教活动,又是他们盛大的节日,滇人也是如此,这一天,他们载歌载舞,纵情欢乐,甚至当众交合。同时,也是进行以物易物的物品交换的机会。

十四、铜甲赤脚的滇国军队

滇国时期，云南各部族间经常发生战争，当时战争的主要目的是保卫自己的家园，防止其他部族的劫掠。为了生存和发展，各部族的成年男子组成了军队。

就当时滇国周围部族的情况看，滇国与靡莫之属的东南面是夜郎国，北面是邛都国。夜郎国和邛都国的中心距离滇国的中心滇池较远，又有金沙江和乌蒙山阻隔，同时夜郎国和邛都国又都是"耕田，有邑聚"的部族国家，人口的流动性不大，与滇国少有冲突。而西边叶榆（今大理）、桐师（今保山）一带的昆明、嶲等部族则不然，这些部族属于"随畜迁徙，毋常处，毋君长"的游牧部落，活动范围广大。其中叶榆（今大理）的昆明部族的活动范围达今楚雄、禄丰一带，与滇国交错。因此，滇国与昆明部族之间的争斗与冲突势在必然，激烈的战争，经常在他们之间爆发。

从战争的角度看，作为游牧部族的昆明人，由于经常迁徙，常年在马背上驰骋，骁勇善战，极具攻击性和掠夺性，反映在他们的性格上，那就是剽悍好斗。

不过在文化对抗中，农耕文明显然占优势，农耕比起游牧，是更为先进，更可预期的生产方式。滇人毕竟有着超越昆明人的经济文化实力，其武器装备和战术理念更胜一筹，因此，昆明人始终无法进入滇池地区。两个部族相持数百年，大小战争和摩擦难以统计，只是滇人制作了青铜器，记录了他们的胜利，因此，我们今天能够看到的，都是滇国军队的雄姿和大获全胜的场面。

在对滇国青铜铸造的战争场面的仔细观察以及对出土器物的分析之后，不难得出一个结论，滇国由骑兵和步兵组成的军队不仅数量较多，而且装备精良，具有很强的战斗力。

滇国军队武器种类较多，勾刺兵器主要有戈、矛、戟、叉、剑及铜喙等；砍劈兵器主要有钺、斧、戚、刀等；击打兵器主要有狼牙棒、铜棒及铜锤等；远射兵器主要有弩机、箭镞及箭箙等。在这些种类繁多的长短兵器中，有许多造型属于滇人所独有，如前锋分叉呈双尖状的铜叉、整体似长喙鸟头形的铜喙、圆形或八棱形铜棒头的狼牙棒等。

鼎盛时期的滇国骑兵装备均臻完善。已有鞍垫、攀胸、后秋、腹带齐全的马鞍，防护战马的"面帘"、"当胸"、铠甲及更便于骑乘的马镫，当时骑兵已戴头盔，臂上着短甲，肩披帔，腰系战裙，显得格外英武。

水獭捕鱼穿銎铜戈

就整体而言，滇国步兵的数量不仅比骑兵多，装备也更为精良。先从防护用具看，步兵有头盔、颈甲、胸甲、背甲、臂甲、腿甲、盾牌样样俱全，使身体的各个部位都得到保护。

尤为独特的是，这些用于血腥杀戮的兵器上，多有精美的花纹和逼真的动物造型装饰，集装饰效果与实用功能于一体，充满诗意，显示了滇国工匠们的丰富想象力。

凭借这支军队，滇国傲视群雄，盘踞云南最为富庶的滇中地区，以至于发出"汉与我孰大？"的豪言。

不过，滇国军队并不是专业的作战部队。滇国仅是一个氏族社会的部族联盟，它的军队与现代军队的概念大不相同。那时的滇军，是一支铜甲赤脚的民兵部队，并没有严密的组织，士兵就是部族的成年男子，将领就是由氏族家庭、村寨或部落推选出来的军事首领。将领和士兵平时狩猎、放牧、捕捞或从事手工业，战争时即对敌作战。武器装备是属于氏族家庭或个人所有，平时狩猎的工具，也是作战的武器。

有趣的是，滇国冶炼铸铜的技术十分先进，他们的兵器实用而精美，而且身披甲胄。但是，他们始终赤脚，即使是将军，也不穿鞋，典型的是石寨山13号墓出土的战争场面贮贝器上那位威武的将军。滇国工匠制作他的形象时，为了显示他的威武，用了夸张的手法，不仅形象高大，而且通体鎏金，但这位戴盔贯甲、持矛佩剑骑马英雄，仍然跣足，两脚的大拇指各跨入绳圈式马镫。

令人颇感意外的是：这种绳圈式马镫，即趾镫，虽然简易，居然是目前考古资料发现的世界上最早的马镫。

马镫是一项具有划时代意义的发明。正如英国科技史家怀特指出的，"很少有发明像马镫那样简单，而且很少有发明具有如此重大的历史意义。……马镫把畜力应用在短兵相接之中，让骑兵与马结为一体"。确实，马镫出现后，马匹更容易驾驭，骑马者更加稳健安全，加强了骑兵的战斗力。

滇国的马镫虽然只是两个绳圈，跨镫时用双脚的大拇指而不是整只脚前掌，但这只是云南少数民族的传统习惯，并不影响它作为真正马镫的重要功能。

马镫起源于处于高山峡谷环抱、社会形态相对落后的滇国，不能不说是一个世界奇迹。

已经出土的五十来个贮贝器盖面上，有几个是战争局部场面的雕塑。这些场面记录了滇国将士英勇作战的雄姿，记载了他们痛快淋漓击败敌人的场景，是鲜活的史书，也是滇军的记功碑。

石寨山13号墓战争场面贮贝器

这是一场正在进行之中的激烈而残酷的战斗的一小部分。

对阵的一方是头戴铜盔、身着背甲和胸甲的滇军，另一方是头戴毡帽无甲胄的昆明人。虽然滇军手中的兵器大多残缺，但从人物动感十足的姿势上看，他们都在使用长矛或刀剑奋力刺杀或砍杀。

从画面上分析，这是一场遭遇战。

在首领率领下正在山林中巡逻中的一支滇军步兵,突然发现了两名前来侦察的昆明人战士。滇军步兵杀死了其中一名并砍下了他的头颅、脱光了他的衣服,另一名则遭捕获。此时,后续的昆明人赶到,他们迅速扑向滇人,试图营救他们被俘的弟兄,

战争场面

然而,他们的首领却被滇人首领的战马撞倒。滇军首领高举长矛,正向倒地的昆明人首领狠狠刺下,另一名滇军士兵也举剑向他刺去。就在这千钧一发之际,三名勇敢的昆明人战士冲上前去,想用长矛挡住滇军首领的长矛、用盾牌抵挡滇军士兵的剑。在另一边,看守俘虏的两名滇军战士看到情况紧急,其中一名急忙抓住俘虏的长发,举刀欲向他脖子砍去,而两名昆明人战士则奋不顾身地冲上前去营救。

滇国的工匠们将这场战斗的历史画面就定格在此时此景。

这场战斗的结果是显而易见的,因为昆明族战士虽然勇敢,但处于被动挨打的地位。该群雕共有16人,其中滇军和昆明人战士各8人,但昆明人战士已有一人被杀,一人被俘,一人倒地,仅有5人在战斗,而8名滇军则无一人伤亡。昆明人战士的勇敢,不过是为了衬托滇军的军容军威。

整个雕塑人物群像中,滇军首领英武高大,戴盔着甲,身侧佩剑,左手控缰,右手执矛下刺,而且遍体鎏金,非同寻常。所乘之马也身肥体壮,马具、马饰俱全。这既是对首领的歌颂,也是对滇军的赞扬。

在不到40平方厘米的原盘上,虽然人高仅有6~9厘米,但十分

精细。人们不仅能够从头盔衣饰和发型区分对阵双方,而且能够从他们的姿势和面部表情看出他们在生死搏斗中的动作和心情。

石寨山6号墓战争场面贮贝器

晋宁石寨山6号墓是末代滇王之墓,滇王金印即出土于此。该墓出土文物中,一个贮贝器上的战斗场面最为壮观。

此战斗场面按人物服饰及发式分析,仍然是滇军和昆明人军队的交锋。每方人数相等,皆11人,共22人。滇军11人中,有4名戴盔披甲的骑兵,其中一人身材高大为首领。

塑像显示,在滇军骑兵冲击之下,昆明人溃不成军。他们中的唯一骑马的头领已经被击落马下,一人已被砍去头颅,一人被踏于马足之下,挣扎欲起,一人亦倒于地。另有两人双手被缚,成为俘虏,一人跪地求饶,其余4人亦处于被追杀的境地。

而滇军除骑兵外,步兵中有两人押解俘虏,其他均戴盔着甲,负盾佩剑,持矛向敌人进攻,内有一人还双手持弩,作欲射之状。虽说双方仍在局部格斗,但昆明人的败局已定。

从这两件战争场面的贮贝器盖上反映的情形来看,滇人无疑是战胜者,所向披靡,而昆明人显然处于战败者的地位,他们不是被刺死、砍头,就是被俘为奴。

十五、"斧耕火种"的原始农耕

狂热惨烈的祭祀活动结束之后,人们兴高采烈地走田地,开始了一年一度的播种季节。

云南是中国野生稻起源的重要地区。在我国境内已经发现的现代野生稻有以下三种:普通野生稻、疣粒野生稻和药用野生稻,其中只有云南省三种野生稻同时并存。据战国时期成书的《山海经·海内经》记载:"西南黑水之间……爰有膏菽、膏稻、膏黍、膏稷,百谷自生。"所谓"黑水"就是今天的金沙江。这一带,自古有甘美的豆子、稻谷、黍子、粟米生长。明代朱孟震在《西南夷风土记》中也提到云南一些地区有"野生嘉禾,不待播种耘蓐,而自委实,谓之'天生谷'。每季一收,夷人利之"。原始人类正是在采集这种野生稻谷的过程中,逐渐驯化、种植稻谷。

在滇池周围发现的新石器遗址中,考古工作者不仅从出土的红陶器上发现有稻壳和芒的痕迹,而且发现有遗留的稻谷,既有粳稻,也有籼稻。李昆声先生在《云南在亚洲栽培稻起源研究中的地位》一文中写道:"籼稻是最先由人工驯化而从普通野生稻演变而来的,而粳稻则是由籼稻或野生稻的植株个体在不同条件下而形成的一种变异型。也就是说,籼稻是直接起源于野生稻的。因此,滇池地区新石器时代遗址除了有粳稻外,最近鉴定出有少量籼稻,这对于研究亚洲栽培稻的起源,是一个重要发现。虽然这些古稻的年代不超过4000年,但它们在研究普通野生稻驯化为栽培稻的嬗变关系中,是一个重要环节"(《云南社会科学》1981年第1期)。

滇国时期的农耕还处于从原始农耕阶段,即周期性轮歇耕作的旱地种植。没有灌溉,也没有水田,都是旱地种植,种植的稻谷也是旱稻。

"斧耕火种",是滇国人主要的农耕方式。滇人在森林茂密的地区发展农业生产，前提是必须砍倒地表的林木荆棘。他们先使用铜斧砍倒一些树木杂草和荆棘，经过自然晾晒使它们干燥，然后再用火焚烧，以清除出耕地。经过焚烧后开辟出来的耕地土质比较疏松，火烧后形成的草木灰烬为土壤提供了磷、钾等肥料，经过简单整理后，使用竹棒或者木棒就可以轻松容易地掘坑点播种子，也有的直接用手撒种。作物成熟以后，再用青铜镰刀进行收割。

荷叶锄

与这样的耕作方式相适应的是作为砍伐用的工具铜斧得到充分发展。所出土的青铜农具，青铜斧就占了近一半。滇国的铜斧绝大部分为梯形斧，与滇西地区的弧肩形斧及滇南地区的靴形斧差别甚大。斧的用途颇广，既可作为工具，用于砍伐树木，开辟耕地，以及竹木器的加工，也可作为兵器，用于战争和狩猎。

铜斧

在农作物生长的同时，湿润温热的气候和肥沃的土壤也给杂草的生长提供了条件。因此在农作物生长过程中，除草成为当务之急，于是，大量铜锄便应运而生。滇国山地地形复杂，为适应不同环境的锄草工作，锄的种类也较多。其中有宽叶型铜锄、尖叶型铜锄、梯形铜锄和蛇形铜锄等，都有明显的地方特色。在大量农具中，部分器物上刻有孔雀、牛头等精美花纹，体现出滇人对农具的钟爱。

作物成熟以后，再用青铜镰刀进行收割，然后用摔掼的方法使其脱粒，称"掼谷子"，然后入仓贮存。

从事农业生产的主要是妇女。石寨山12号墓出土的一件贮贝器胴部的"籍田出耕图"中除抬肩舆者为男性外，其他乘肩舆者、荷尖头锄者、持点种捧者、随行者悉为妇女。另一幅上仓图中，共出现了44人，除了两名蹲坐在仓房前的独木梯上等候接粮的男子外，其余的也都是女性。

虽然他们的农业种植方式比较原始，广种薄收，但是由于滇池地区自然条件优越，土地肥沃，气候条件良好，起伏的山峦总有足够的林地可以供人们砍伐焚烧，耕地的轮歇周期比较长，而且旱稻种植到滇国时期已经有2000多年的历史，有经验的积累，作物的产量除了维持日常消费外，还有剩余。

祭祀后出耕图

十六、六畜兴旺,牛羊成群

滇国的畜牧业较发达,无论是山区或坝区的居民,都饲养着大批家畜和家禽。青铜器中,有大量家畜的形象,或立体、或浮雕、或线刻,十分逼真而生动。品种主要有牛、马、羊、猪、狗、鸡和鸭等,真可谓"六畜兴旺"、"牛羊成群"。据《华阳国志·南中志》说:汉武帝时初开益州郡,"得牛、马、羊属三十万"。《汉书·西南夷传》也说:昭帝始元五年,汉将田广明用兵益州(郡),获畜十余万。从一个侧面证明了滇国畜牧业的发达。

滇国青铜器家畜形象中,占有突出地位的是牛和马。

江川李家山墓地第一次发掘出土的青铜器上共有各种动物296个,其中牛为96头,约占总数的34%,晋宁石寨山和呈贡天子庙墓地的情况也大致如此,可见牛在滇国中的重要地位。

战国时期,中原内地已有铁犁等多种铁农具出现,牛耕已获得了初步的推广。西汉初期,利用牛耕田犁地在内地已经盛行。但此期间的滇国,仍然处于斧耕火种的落后阶段,牛还没有用于生产,而仅是用于祭祀和食用。

滇国时期饲养的牛都是黄牛,没有水牛。这些黄牛一般体型较大,体躯圆长,前躯发达雄壮,后躯呈圆筒形,背腰平直,四肢结实有力,角较长,先平直而后略向上翘,大耳、长尾。与现在滇池地区的黄牛比较,最突出的特点是:公牛额脊突起、项上前上方有一瘤状突起,形成圆峰。这种高背峰牛原产于中亚地

牧牛图

区及我国西北一带，在滇国赫然出现，证明了民族的迁徙流动路线，也为改良滇国本地黄牛的品种提供了条件。直到现在，高峰牛仍是滇西至滇南德宏、西双版纳、临沧、文山一带的优质肉牛品种之一，称为云南瘤牛。

滇国居民特别重视牛的繁殖，如石寨山和李家山出土的青铜器上，凡有公牛的立体雕铸品都特意突出它的生殖器官，显然是有更深层寓意的。

李家山出土一件"二牛交合"铜扣饰，一公牛体型较大，两后腿站立，两前腿伏于一母牛的背上，头依母牛之肩部，嘴微张，双目鼓圆，尾夹于后股间，腹部前倾作交合状；母牛体型略小，头前伸，尾上扬。这件青铜扣饰是随身携带之物，很明显是滇国居民企求畜群繁殖愿望的体现。

滇人不仅重视牲畜的繁殖，也关心其疾病的治疗，如发现牛、马有病，随时诊断、喂药，使其早日康复。李家山墓地发现一件"喂牛"铜扣饰，就生动具体地再现了医治病牛的场面。

古代滇池区域产良马，是不争的事实。《华阳国志·南中志》就曾有"滇池驹"的记载。从青铜器塑像看，滇国的马有大小两种：一种体型较大，身躯及四肢修长，长鬃垂于额前及颈项，尾卷曲后扬，显得十分健壮有力；另一种马小而雄骏。大型马多用于骑兵的坐骑，小型马则用于狩猎或出行。

滇人很重视骑兵在战斗中的巨大作用，所以对战马的训练也很认真。江川李家山墓地出土的贮贝器盖上雕铸有"驯马"场面，就是反映当时训练战马的最好证明，在世界青铜史上也是极其珍贵的资料。

这里，需要特意介绍的是，滇国的马数量较多，出现在青铜器上的马的数量仅次于牛。但滇人并不食马肉，青铜器上也未见有宰马的场面。同时，至今也未发现滇国青铜器上有用马负物的形象，也没有马车。滇国人运物宁可背、抬、扛、顶，也很少使用畜力。所以，滇国养马、驯马主要用于出行、作战和狩猎活动。

从青铜器塑像看，猪和羊显然已经成为滇人主要的肉食来源。晋宁石寨山的贮贝器腰部刻有"牧羊图"、"牧猪图"，也有杀猪宰羊的场面，房屋模型栏杆上，可以见到整块的猪肉和整只猪腿，进贡者的背箩内亦有完整的猪腿，说明已出现了腌制火腿的专门技术。

狗这时已经成为滇人的朋友，在狩猎和牧羊的场面中，可以看到不同品种狗的形象。在狩猎活动中追逐野兽的狗体型较小，尾长而四肢较短，瘦劲灵活；牧羊犬体型硕大，尖耳竖立，尾上翘，四肢较长，显得格外健壮有力。

鸡的形象虽然在滇国青铜器上较为少见，但石寨山贮贝器上刻有母鸡带领数只小鸡啄食撒在地上稻谷的生动形象以及鸡形杖头铜饰等，证明野鸡也已驯养为家禽。此外，孔雀、鹿和兔子等也有饲养。

孔雀

十七、狩猎和渔业

滇国的狩猎和渔业产品是仅次于农业和畜牧业的重要生活资料来源。尽管猎物不像农作物和畜牧产品那样的相对稳定，但因古代滇池区域气候温和，森林茂密，栖息生长着虎、豹、熊、狼、狐、兔、野猪、鹿、麂、猴、孔雀、雉、穿山甲等众多的动物，而湖泊中鱼类生长繁盛，故渔猎的收获应该也不少。

表现狩猎场面的器物很多。从中可以看出，滇人要捕获老虎、豹子、熊和野猪等凶猛动物，需要集体围捕，还要有猎犬的密切配合。

石寨山出土的一件铜扣饰上有八人二犬共猎一虎的场面。其中六人各执一长矛猛刺虎身；二猎犬跃踞虎背，噬其肩部；虎虽倒地，仍张口怒目咆哮，作挣扎欲脱状。李家山墓地也发现一件八人猎虎场面的铜扣饰。与前者不同的是，此扣饰所表现的为紧张激烈的捕虎活动已结束，猎手们有的执矛、有的抱鸡、有的捧酒壶，兴高采烈地抬着老虎归来的生动场面，比起前者又是另一种不同的情趣。

狩猎

对于一般善于奔跑的草食动物，如鹿、麂子之类，滇国猎手们在捕获它们时多用骑马追逐的方法。即先纵马穷追不舍，一直将其追至精疲力竭时，然后用长矛将其刺杀。

在以狩猎为题材的器物中，石

狩猎扣饰

寨山一件叠鼓形狩猎场面贮贝器不仅体形较大，造型精美，其构思也十分精妙。这件器物由上下两面鼓形器重叠而成，中器盖上铸有一圆雕立体狩猎场面，共有3人和两猎狗在追逐两只鹿，均作奔跑状。3位猎手中，两人骑马、一人徒步。一骑马者通体镏金，显然是首领。徒步者双手做刺杀状，被刺之鹿的角已经折断。追逐过程中惊起兔子和狐狸各一只，铸造者巧妙地将兔和狐狸作为连接盖面和鼓身的活扣。上鼓焊铸4只卧鹿，下鼓焊铸4只卧牛，均十分悠闲，与盖面上激烈的追杀形成动静结合的情景。

有趣的是，滇国的工匠还采取写实图案的表现手法，为静态的卧鹿和卧牛用阴线刻纹制作了背景画，如同今天常见的舞台背景。

上鼓卧鹿的背景画中，天空中顺时针方向飞翔着11只鱼鹰，地面在树林藤蔓中虎扑飞鸟、豹追兔、狗与孔雀嬉闹。中间的四幅画，以猎鹿为主题，分别描绘了猎手发现鹿、追鹿、刺鹿、载鹿而归的场景。

下鼓卧牛的背景画中，天空中逆时针方向飞翔着8只孔雀，地面顺时针方向行走着11只孔雀，其中一只孔雀口中衔蛇。中间的四幅画，以牛为主题，分别描绘了牛在树荫下休息、虎袭击牛、虎食小牛、人伪装成虎恐吓牛的情景。

由于滇国农业和畜牧业的逐渐发达，狩猎在生产领域中虽不占重要位置，但仍是取得生活资料的一种补充手段。除此之外，滇国的狩猎活动也其娱乐和锻炼骑术及马上拼杀功夫的军事目的。

滇人的活动集中在以滇池和星云湖为中心的高原湖泊地带，水产品丰富。出土文物中反映了如鱼、蛙、龟、螺蛳等许多水生物种。其中鱼的形象很多，刻画得也非常生动逼真。如石寨山和李家山出土有鱼形杖头铜饰，鱼尾形铜斧；铜扣饰上有鱼鹰捕鱼、水獭衔鱼、孔雀践鱼、水鸟啄鱼等；贮贝器上有人抱大鱼，篮中盛鱼；容器上有鱼纹图案等。形象各异，精雕细刻，连鱼身上细小的鳞片亦清晰可见。

滇国青铜器上也有不少的操舟场面。如江川李家山出土的一件铜鼓上有划船场面，船上共四人，竖排坐于船内，前三人作执桨划水状，后一人掌舵，舵作曲柄转轴装置，舵叶呈三角形，与船底平行。滇国水产品的捕捞工具主要有鱼钩、渔网和鱼叉，另有喇叭形镂孔器，也可能与捕捞有关。滇国水产品捕捞方法，正像其捕捞工具一样是多种多样的，如有的用鱼钩垂钓，有的用渔网捕捞，有的用铜叉刺捕，有的用渔罩罩捕等。当时，滇国还流行鱼鹰捕鱼法。从滇国青铜塑像看，捕鱼的水鸟为秃顶、长喙、曲颈，两翅较短不便飞行，但有一双带蹼的爪，善于游水。如石寨山12号墓出土一件铜扣饰，其图案即为一只秃顶、长喙的水鸟，正在捕捉一尾游鱼，水鸟嘴衔鱼头，爪践鱼背，鱼尚未毙，尾部仍在不停地摆动。又如6号墓出土一件铜啄，其銎背雕铸二水鸟，也是秃顶、长喙、曲颈的鱼鹰。其中一鸟嘴中衔一鱼，仰头欲食而不能下咽，形象极其生动逼真。李家山24号墓出土的铜鼓上多有船纹，其中一船下有游鱼四尾，一只秃顶、长喙的水鸟正在追逐一鱼，鱼作快速游动状。

同时，舟船是滇国水上交通的主要工具，出行、捕鱼都少不了它。石寨山和李家山等地出土的铜鼓上多有划船场面，有的是渔船，有的很明显是行船。行船多作长条形，中间较宽，两端较窄，首尾皆上翘。船上一般有2～4人持桨划动，一人掌舵，划桨动作整齐统一，显然是经过专门训练。

舵在行船中有着十分重要的作用。战国后期，滇国已出现有舵的木船。从江川李家山铜鼓上的船纹看，滇国已经出现比较先进的转轴舵。舵手双手握舵杆，即可带动与舵杆相连的舵衡及后端的舵叶板，不仅省力，操作起来也比较灵活。

十八、铸造和纺织

滇国时期手工业比较发达，如各种金属的冶铸，麻棉纺织及玛瑙、玉石和陶器、漆器、竹木器的加工制作等。

滇国生产规模最大、产品数量最多的应该是金属冶铸业，大量的青铜器就是出类拔萃的杰作，如果没有一大批分工很细，技术熟练的工匠和专门的生产场所及必要的生产设备，是很难制作的。

翻范

目前滇池区域还未发现较完整的冶铸遗址（仅有零星的铸范），对研究滇国青铜器制作工艺有一定的困难。不过各地出土的青铜制品上大多有清楚的铸造和加工痕迹，结合云南传统的青铜冶铸技术，可以揭示滇国青铜器制作工艺。

修理花纹

滇国青铜器制作工艺大致可以分为冶炼技术、铸造技术和加工技术三个部分。

青铜主要是铜锡合金。从冶炼技术看，滇国工匠对青铜的铜锡合金的比例已有较准确的掌握。如青铜剑的含锡量约占

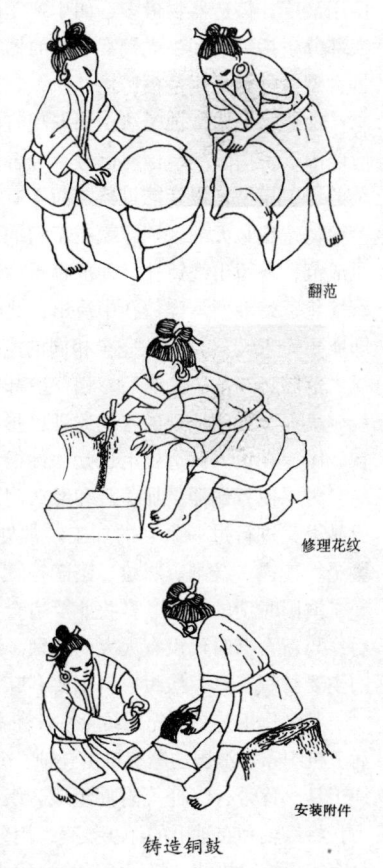

安装附件

铸造铜鼓

20%左右，符合硬度的要求；铜鼓的含锡量为50%上下，既一定的硬度，也有相当的韧性，使其音域宽广，在反复打击中不致破损等。

青铜器铸造技术发达，滇国工匠能够根据不同的器物，熟练地使用范模铸造法、蚀蜡铸造法、套接铸造法进行铸造。其中范模铸造法使用最广，铸造器物最多，如生产工具、生活用具、乐器及兵器中的大部分包括铜鼓和牛虎铜案一类的器形和纹饰较复杂的器件以及铜柱等大型铸件都是用范模铸造。

蚀蜡铸造法称蚀蜡法，根据现有考古资料，这一先进的铸造工艺应起源于云南，到滇国时已经十分普遍。蚀蜡法铸造主要用于结构复杂的房屋模型，以及贮贝器盖面上有众多人物活动的场面。蚀蜡法和范模铸造法最大的区别，就在于它的内模是蜡制的，然后在蜡模上敷泥成范，并留出浇铸孔。外范稍干后，经高温焙烧，泥范内的蜡模即行熔化，蜡液便从浇铸孔中流出，此时范内就形成一个与蜡模（亦即所要铸青铜器）形状完全相同的空腔。浇铸时，将铜液通过浇铸孔注入范腔。当范腔注满后，稍待冷却即剥去外范，一件既无外范分型线，表面又光洁美观的青铜器即已形成。实践证明，蚀蜡铸造法不仅在我国，在世界铸造史上也是一件很了不起的创新。

为了使青铜器更加美观和经久耐用，滇国的工匠们在铸好的青铜成品上又进行过一系列的加工。常见的加工方法主要有锻打、模压、鎏金、镀锡、线刻、彩绘、镶嵌等。

滇国时期的农业、畜牧业及冶金业都很发达，唯独纺织技术较落后，与新石器时代没有太大的差别。纺轮和踞织机（腰机）仍为当时的主要纺织工具，纺织原料主要有麻、木棉、毛和丝。

其制作工艺是：先用纺轮将麻和木棉纤维捻合成线，绕线上板，然后上机织布。滇国的踞织机由经轴、分经杆、布轴、幅撑、打纬刀、投纬工具、背带、综杆等附件组成。织布时，借助织者腰、腿之间的张力，将经轴和布轴上的经线拉直，用分经棒按奇偶数分出上下，然后反复完成提综、投纬、打纬等动作，织成布幅。

布幅经过染色、晾干，即可制作衣裤裙装，有的还在纺织品的表面，依照绘制图案线条绣出人物、动物及花草，作为装饰。

纺织场面贮贝器为我们展示了滇国纺织生产时的场景。

此件贮贝器盖上铸有18个人，全为女子。器盖中央的女主人为监督者，通体鎏金，而且造型较其他人大。她的面前有捧巾和捧食物的侍奉之人，身后有为其执伞者，共3人。其他14人有着不同的分工，有6人用纺轮和踞织机进行织布，有的捻线、有的捧物执杼、有的验看成品。

参加纺织劳动的女子中，从发式服饰区分，有"椎髻短衣"的滇国女子7~8人，除滇人外，还有"椎髻长衫者"3~4人。"编发长衣"的昆明人2人。说明当时的纺织活动，是在女首领的监督下集体进行。

十九、饮食和牛虎铜案

"民以食为天"。古代滇国人每天都离不开饮食,那么,他们吃什么?怎样吃呢?

青铜器上的铸像和线刻图给出了答案。

古代滇国居民的食物种类繁多,十分丰富。种植的稻米是滇人的主食,副食品主要是采集的瓜果、野菜,养殖的牛、羊、猪及鸡、鸭以及渔猎所获的鱼、虾、螺蛳及鹿、兔、雉、野猪和穿山甲等野生动物。

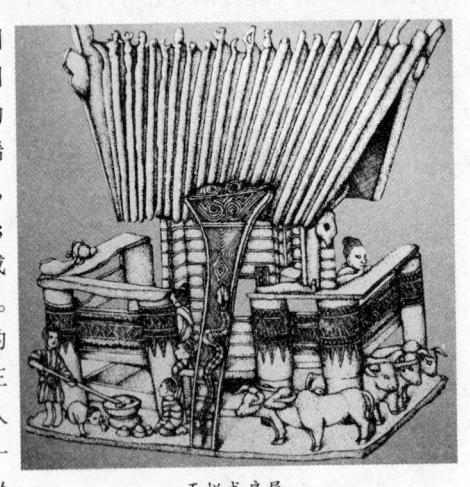

从出土实物和青铜器铸件看,稻谷是滇国时期的主要食品。有的用水煮,类似现在的稀饭或粥;有的用来蒸食,即今日之米饭或干饭;也有的用稻麦磨粉制成面团或面饼之类的食物。如石寨山6号墓出土的井干式房屋下层,有三个妇女正在做饭。一人在搅拌锅里的食物,一人俯身吹火,一人跪坐观看。

干栏式房屋

他们加工食物的办法是用炉或灶火煮和蒸。当时,滇国已经有了较为完整的灶具,而且多种多样。灶直接建于地面,有双眼灶,也有单眼灶,前设火门,加柴添火,后设烟囱,拨火冒烟。同时,比较简易的三足架与"锅桩石"也在大量使用。可以移动的火炉有的圆,有的方，有圆底，也有三足或四足。晋宁石寨山的一件炉身作正方形，口为圆形，炉身四周有菱形孔，便于通风，底部有四个蹄形足，做工复杂精巧。

滇人的炊具种类较多。按照其大小形状的不同，有铜质或陶制的釜、甑、镬、罐等。釜即为深而有肚的罗锅，甑的底部有孔，放在釜上使用。大罗锅叫镬，小的叫罐。尚未发现炒菜的浅底锅，说明滇人还很少或不吃炒菜。

滇人吃饭时，使用的餐具种类也多，主要有铜、陶和竹木制作的碗、盆、盘、案、盒、钵、勺、匙、箸及食夹等。其中碗、盆、盘等都是进食时盛饭菜的用具。滇人吃饭时，早先不用筷子，或用手抓，或用勺匙。后来因受汉文化影响，部分地区才使用铜箸或银箸。

滇国已经出现了贫富的分化，饮食的状况有所区别，殷实的大家族长老或部族的男女头人吃食丰富，鸡、鸭、鱼、肉不成问题。纺织贮贝器盖上，有人双手捧案向监督劳动的女首领进奉食物，案上有两只煮熟的鸡或鸭，6号墓井干式房屋的栏杆上有猪（或牛）腿一只，肉一方。

从滇池区域出土的大量酒器和青铜器上的饮宴场景看，当时滇国人饮酒已成为风气。据分析，他们喝的主要是用果类酿制的果酒。

饮酒时，他们先将酒盛于铜壶之中加热，再倒到铜钟、铜樽、铜杯与耳杯中畅饮，有的酒器制作十分精美。如石寨山和李家山墓地出土的直口、细长颈、球形腹部、小平底或圈足酒壶，有的器身遍布阴刻花纹，有的鼓形小盖上立一牛。石寨山17号墓出土的一件酒壶，颈上刻孔雀两只，小鹿三只，腹部刻孔雀两只，小豹两只，壶高40厘米、腹径18.8厘米。线条细如毛发，刚劲、流畅兼而有之，为中原青铜器所未见。

滇国青铜器上饮酒场景较多，大多见于祭祀、饮宴及节庆活动之中。江川李家山墓地出土的祭祀贮贝器上，有数人手持酒壶在饮酒，其中一小人作半仰卧状，双目微闭，但酒壶仍不离口，显然是喝醉了。另外在欢迎狩猎者满载而归的场面中有人抱酒壶；纺织贮贝器上监督织布的贵夫人面前置有食物及酒器，甚至集体舞蹈中，也以酒相随。

从青铜器上的人物坐像看，滇国房屋内部的陈设十分简单，说不上有什么家具，没有桌椅，人们席地而坐，很少有专门的坐具，仅有矮足平板和圆形草墩或木墩。卧具也十分简单，无床榻，仅铺一方竹编或草编的凉席和避免卧席滑动或卷边的金属镇物。

由于滇人席地而坐，不使用桌子，因而摆放食品的食案得到长足的发展，构成他们餐具中的一大特色。

滇国的食案分为两种，一种为四足案，但案面又有长方形和椭圆形之分；另一种为无足案，多长方形，四周有突起的口沿，类似现在的托盘。江川李家山24号墓出土的牛虎铜案即为四足案，是某一位首领进餐时使用的食案。

牛虎铜案

牛虎铜案高43厘米，长76厘米，重36千克，是琳琅满目的滇国青铜器中较大的一件。其造型奇特，构思新颖，是中国青铜艺术品的稀世珍品。1995年被国家文物局鉴定专家组定为国宝级文物。如今已经成为滇国青铜器的标志。

牛虎铜案由两牛一虎巧妙组合而成。以一头颈肌丰硕，两巨角前伸的壮牛为主体，牛四脚为案足，前后蹄用梁连接。牛背从颈至尾做成椭圆形的案盘面，盘下中空。立一条悠然自得的小牛，头尾方向与大牛垂直，首尾稍露出大牛腹外。在牛的尾部，铸一只体形较小的猛虎，虎口咬住牛尾，前肢抓住牛盘，后肢蹬于牛腿，虎视眈眈于案盘面，与牛头保持了对称与平衡。

牛虎铜案构思新颖，它将牛与虎这两种常见的互不相容的动物巧妙地融为一体，不仅在造型上保持了平衡，似乎也蕴涵着滇国人对自然生态平衡的朴素认识。同时，大牛与小牛的交错，不仅使得造型上

牛虎铜案

稳重中不失灵动，也体现了滇国人对牛的喜爱，对生命生生不息的敬仰。造型虚实结合，简洁明快，达到了极高的艺术境界，有着极高的审美价值。

此件铜案采用的分铸法和焊接技术也是非凡的。所谓分铸法就是一种把器物的主体与附件分别铸造的方法，可以先铸附件，再和器物主体铸接；也可以先铸器物主体，再接铸附件。此附件是机械的连接而非熔接。由牛虎铜案可见滇人冶铸技术之精湛，在中国古代青铜器发展史上占有特殊地位。

围绕这件精美的艺术杰作，当代的专家学者对其使用功能做出了不同的解释。有人认为"牛虎铜案"是一种专门摆放食品奉献给神灵的祭器，并非人们的日常用具；祭祀是为神鬼服务的，其在古人心目中有着神圣的魔力，也不可能人神共用。也有人认为"案"是人们日常生活中用来切肉、切鱼、切菜的工具，因而有人又把这件青铜器叫做"牛形铜俎"。

二十、来自大海的贝币

海贝是生活在热带亚热带浅海中的一种生物。它们有着色彩鲜艳、光洁坚固的外壳。早在7000年前,一些小型的贝壳就流入中原内地,成为古人的装饰品。随着经济的发展,商品社会逐渐形成,大约在3500年前,一些具有数量众多、造型简洁、美观坚固、便于携带、便于计数等特点的小型贝壳,作为交换的媒介充当了商品交换的一般等价物的职能,成为我国钱币的始祖。在汉字形成的过程中,与钱财相关的字,如贡、财、账、赊、贪、贫、购、贵、贷、贸、费、贺、贱、资、赈、赏、赐、贩、赃、贼、贾、贿、赘、赁、赂、货、质、赢等,都留下了"贝"的身影。

贮贝器是用来贮放贝币的器皿。滇国的青铜器中,贮贝器占有十分显著的位置。滇人不仅将神圣的铜鼓改造为贮存贝币的器皿,并刻镂花纹图案、镶嵌动物造型作为装饰,而且将主要的社会活动场景铸造在贮贝器盖面之上,体现了对贝币的无比珍视以及财富是社会基础的理念。

贝币

鼓型贮贝器是滇文化中独有的器物,在全世界青铜家族中,人们没有发现相同的器物,被视为滇国青铜文化中最有代表性的艺术杰作。

经专家考证,滇国的贝币大多数背有黄圈,属于"环纹海贝",产于太平洋、印度洋等热带沿海地区,我国的海南岛南部和西沙群岛也有分布。滇国地处内陆高原,而且从当时滇国的社会发展水品看,尚未出现商品经济,还处于"以物易物"的阶段,并不使用货币。它们为何从遥远的海滩,跨越高山河谷,来到滇国的呢?

这个谜似乎不难解答，其答案就是"蜀身毒道"的存在以及通过这条古道所进行的国际贸易。"蜀身毒道"的"蜀"，指的是古蜀国，即现在的四川成都地区，"身毒"，即"天竺"，也就是今天的印度。"蜀身毒道"即古代四川至印度的古道。其经由的线路，用今天的地名表述，大体从四川成都分两路进入云南，一条从宜宾、盐津、昭通到昆明，然后至大理；另一条经邛崃、雅安、西昌渡金沙江经大姚向西南到大理。大理之后进入横断山中，至保山，后又分两路分别从腾冲和瑞丽进入缅甸，通达印度、巴基斯坦，并向西亚延伸。因此这条古代由商贾、脚夫组成的马帮开辟出来的民间商道，不经意间，居然连接着中国、印度、巴比伦三大文明古国。

"蜀身毒道"形成于何时，难以考证。汉武帝元狩元年（前122年），博望侯张骞出使大夏（阿富汗）时，见到了四川出产的布帛，邛都的竹杖，才知道"蜀身毒道"的存在。但至少在公元前四世纪，这条古道已经存在，而且已经有着悠长的岁月，比北方横跨大漠的"丝绸之路"还要早两个世纪。滇国贝币的存在，就是主要证据之一。

古滇国是这条贸易古道的必经之地。那时，滇国还没有专门的商人，通过蜀身毒道进行远途运输的经商者大多是巴蜀商人。他们将四川的布匹、丝绸、金银和其他特产通过滇国远销到印度和大夏，同时，也带回印度和大夏的珠宝、玛瑙、海贝、琥珀等物产。

从目前的史料和文物看，滇国时期还没有物产远销印度和大夏，但蜀国商人在归程路过滇国时，也将远方带回的珠宝、玛瑙、琥珀和其他装饰品与滇国盛产的铜、皮毛、牛马等牲畜进行交换。而海贝，在蜀国商人的介绍与说服下，作为以物易物的补偿货币，也成为结算的方式之一。估计是蜀国商人带走的铜、皮毛和牛马等牲畜过多，而给滇人留下的珠宝、玛瑙、琥珀等远不能抵偿，于是，滇人手中，有了较多的贝币积累。目前，在已经发现的滇国墓葬中，出土的贝币，就达600多公斤，计247000多枚。这个数量是巨大的。

至于滇国内部的交易，则多停留在"以物易物"的较原始阶段，交易项目主要是日常生产和生活用品，从事交易活动的人多数为妇女。这类交易没有度量衡工具，很少有讨价、还价的争议。滇国内部既无货币的流通，也无商人阶层。因此，这些剩余货币在内部并不流通，除留待继续与来往于蜀身毒道的各地商人购买商品外，便成为类似现在的外汇储备。显然，这些与蜀国商人的交易，主要由部族首领进行，积累的贝币，也成为他们财富的象征。贝币只在滇国大中型墓中出土，而且是用特制的贮贝器存放，就是最有力的证明。

战国晚期，滇国首领们得到的海贝都存放在铜桶和铜鼓之中，这就是铜桶形贮贝器和铜鼓贮贝器。战国末至西汉初，出现了专门存放贝币的束腰筒状贮贝器。西汉初期，滇国经济已发展到鼎盛时期，作为交换媒介贝币的结余量剧增，于是，大量的铜鼓被改做贮贝器，并在新配的盖上雕铸有众多的人物和动物活动场面，器身又增刻了许多线刻图案，有的铜鼓形贮贝器还进行了鎏金处理。目前，已经发现的各式贮贝器已有62件，其中提桶形3件、束腰筒状形33件、铜鼓形10件、铜鼓贮贝器14件、异形贮贝器2件。

当然，活跃的滇国对外贸易并不仅仅是通过"蜀身毒道"，滇国还有一条商道向南经今通海、建水、开远等地，然后再达越南河内。此外，滇国经由滇东北的富源、曲靖进入贵州通往湖南和中原地区的商道也很活跃。滇国各地出土的中原货币"半两钱"和大量"五铢钱"以及"大布黄千"布币、"大泉五十"钱等，都证明了与内地有着商贸关系，但数量不多，远远不如贝币之多。

滇国的对外贸易，不仅促进了经济的发展，也促进了地区和民族文化的交流，这也是滇国青铜器异彩纷呈的主要原因之一。

二十一、爱美的滇国人

生活在绮丽如画山光水色中，伴随着多姿多彩万千动植物，同其他所有族群一样，滇国人也爱打扮自己。爱美，是他们的天性。

古代滇国气候温暖偏热，不论男女和身份高低，人们一般不穿鞋戴帽，穿着的服装大多为松宽简单用麻布制作的对襟袖短长衫，无领，衣长及膝。男子多在腰间束带，而妇女则少有束带者。为了抵御风雨，披肩和披毡使用十分广泛。由于衣长及膝，滇国人没有穿长裤的习惯，有的仅穿短裤或短裙，也有的人用一幅布缠绕下身，再上束至腰际。为了在狩猎和放牧时避免荆棘刺伤小腿，劳作者多用布作"裹腿"，斗笠也是他们遮阳避雨常见的用具。

当然，滇国已经出现等级地位和贫富的悬殊差距，所以，在上述基础上，有的人的服装在式样和面料上也会有一些差异。大部分人的衣服使用自制的麻布衣料，而有的人穿的可能都是幅面较宽的丝绸织品。大多数人服饰绣有比较简洁的花纹，而有的则比较富丽，有孔雀、蛇、鹿等动物纹，也有几何形花纹。

在上述基础上，滇国人尽可能把自己打扮得更加漂亮。遗憾的是，由于青铜铸件的色彩局限和岁月的侵蚀，滇国青铜器上的人物形象失去了他们实际生活中的鲜活靓丽，我们难以判断他们服装的色彩。不过，从已经出土的各种金、银、玉石和其他材质制作的装饰品，包括发饰、耳饰、项饰等首饰和腰饰、臂饰和腿饰等，可以看到古滇人刻意打扮的习俗，一睹他们的风采。

魋髻，是滇人的标志性特征。男女皆使用插在发髻之上的簪。最长的一件长23.3厘米，小的也在15厘米以上。从金簪仅出土于大型墓葬的情况看，金簪是滇国首领们才有的发饰。而大多数人使用的是铜簪、骨簪等。

滇国男女多有耳饰，从石寨山和李家山墓地出土的实物看，滇国的耳饰主要形状有半月形、圆环形、长方形，比较流行的是圆环形大耳环。从质地上看，比较讲究的是玉质的。

项饰：滇国的项饰主要有两种，一种是金珠项链，一种是孔雀石珠项链。孔雀石珠项链是一种大众化的装饰品，人人都可以佩戴。而金珠项链则只有统治阶层人物使用。滇国墓地还发现过数量较多的玛瑙珠和玉石小珠等，也可能和项链有关。

男子常用腰带，一是为了束紧衣服，便于战斗和劳作；二是为了悬挂佩剑，连系腰带两端的扣环，成为装饰的重点，称为扣饰。扣饰数量较多，花纹图案和制作工艺也较复杂，多为铜制，是滇国一种独特的工艺品。扣饰的形状丰富多彩，不拘一格，内容多浮雕乐舞场面和动物形态，方寸之间，表现了浓郁的生活气息和精湛的工艺。大部分表面有

盛装的滇国女子

玛瑙、玉石和孔雀石等镶嵌物。此外，还有少数制作工艺十分精湛的带钩。

臂饰：滇国的臂饰主要是镯和臂环，镯有金、铜和玉制品，多佩于手腕和肘部，有的一手佩一镯，有的四五镯重叠，布满整个手肘；臂环多竹木制品，套在手肘以上之臂部。

滇国妇女不施粉黛，只有地位较高的妇女从内地购置铜镜、漆奁、铜洗等用具及粉白、黛黑、胭脂等化妆品，供自己使用。

二十二、滇国舞蹈和娱乐

舞蹈是表现人们激动的情感的产物。是人类历史上最早产生的艺术形式之一。在辛勤的劳作和血腥的战争之余，滇人也经常陶醉在轻松、热烈、欢快的乐舞之中。

青铜器上的许多图案表明，滇国人十分喜爱和善于舞蹈。他们不仅在日常生活和聚会中经常集体起舞，宣泄自己的欢乐、冲动，表达对生活的热爱，而且在各种祭祀、节庆活动及饮宴上也用舞蹈表现内在的思想情感。

尽管青铜图像是静态的，所展现的滇国舞蹈只是一瞬间的景况，而且寂静无声，但是，我们还是可以从青铜图像所刻画的那些惟妙惟肖的舞蹈者的动作、神态以及装束、舞具中，领略到滇国舞蹈的多姿多彩和独具魅力的民族风情。

按照不同的划分标准，滇国舞蹈可以分为不同类型。按照性质，可分为民间舞和祭祀舞；按照功能，又可分为表演型和娱乐型；按照人数多少，可分为组舞与集体舞。

集体圆圈舞，是民众最普遍最常见的舞蹈。在滇国青铜器刻画的图画中，有多幅表现民众集体跳圆圈舞的情况。其中石寨山 12 号墓出土的 2 号贮贝器上的画面比较典型。

16 名妇女围成一圈，徒手，举臂伸掌，舒展大方，她们的头都侧向一方，眼睛看着一个方向，神情轻松而专注。内圈中，4 名男子击鼓敲锣，在铿锵的乐声中，舞者的手臂变化着伸开与合拢的姿势，身躯伸曲有度。而脚步亦随节奏有规律地向一侧移动。同时，内圈地上有鲜花和酒樽，还有 2 名妇女守一釜，似为酒缸，另外 3 名妇女持盘端盂。可以看出，舞蹈间歇时，他们还以酒助兴。

当然，不同部落的民众集体圆圈舞也不尽相同。江川李家山墓地出土一件圆形扣饰，正中镶嵌玛瑙珠和孔雀石小珠，其外为浮雕人像一圈，共18人，大小、服饰全同，衣后皆饰长尾，手挽手，腿部微屈作旋转舞蹈状。

除了大众化的集体舞蹈，滇国还出现了用于观赏的艺术舞蹈，也有了业余的舞蹈演员，而且在专门的场合表演。

从晋宁石寨山出土的一件长方形鎏金铜扣饰上看，4个舞蹈者已经在一台阶式建筑较高的上层平台上表演，而4个器乐伴奏者则在下层，其位置及功能与现代的舞台和乐池相同。这是我国最早的舞台和乐池，尽管它的结构比较简单，功能也不那么齐全。

舞蹈表演的另一场合是在首领头人的家中。饮宴之时，歌舞相伴，是享受，也是身份和地位的象征。这类舞蹈者的装束与日常生活中的装束不同，一般都要经过化装。

如晋宁石寨山墓地出土的一组4人舞乐铜俑，均作高髻，髻上系下垂的飘带，披肩下垂带尾的兽皮，上衣后襟较长，下拖至足后，腿上绕兽尾，跣足。腰系饰带，有扣饰，佩短剑。其中一人吹曲管葫芦笙，边吹边跳；其余3人皆双手摆动，腿部有抬有踢，有伸有曲，作舞蹈状。

八人舞

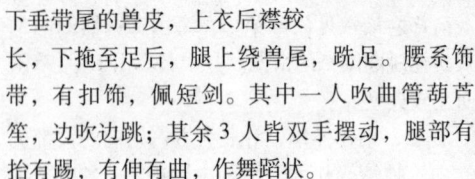

滇国的有表演性质的舞蹈中，还有重要的一类是祭祀舞蹈，这类舞蹈多由巫师表演或由巫师领舞，多用舞具，装饰怪异，带有原始宗教的神秘色彩。图像中出现的羽舞、盘舞、戈舞、刀舞、干钺舞、弓矢舞等，多属于这类舞

葫芦笙

蹈。如一件四人舞铸像，4人皆戴高大的五圆树状型高帽，飘带垂地；身穿长袍，圆盘扣饰巨大，斜跨宽带，披肩如同甲胄；宽鼻大耳，手执响铃，动作刚劲有力，通体鎏金，颇有神异之感。

除了歌舞，滇国人还喜爱斗牛、打秋千、竞渡等娱乐活动。

斗牛也是滇国居民中常见的一种习俗。斗牛场一般选在村落中的广场上，斗牛开始时，牛的主人先将各自的斗牛进行一番调理，两头牛即气呼呼地冲入斗牛场，犹如仇敌相逢，一触即发。貌似八头牛脚打起旋圈，尘土飞扬，以头相撞，一来一往，谁都不甘示弱。晋宁石寨山墓地出土3件场景内容大致相同的铜扣饰，表现的就是一场滇国斗牛活动即将开始的场面。

斗牛

打秋千是我国古代就有的一种娱乐形式，滇国青铜器上即有此内容。如江川李家山墓地24号墓出土一件铜鼓，鼓侧近圈足处有一幅图画为打秋千场面。此图的中心立一柱，顶端另有一竖轴，轴上设置可转动的圆盘，圆盘周沿系绳四条，每条绳的末端另系一环，4个戴羽冠之人各挽一环作旋转跳跃状。以上图像所示很明显是一种转秋，类似现在云南少数民族的"磨担秋"。

滇国境内河流纵横，湖泊众多，沿岸滨湖之民，竞渡之风特盛。如晋宁石寨山墓地出土的一件铜鼓上即有竞渡场面，船作长条形，中间较宽，两端稍窄，船头上翘甚高，船下有游鱼及水鸟。船上共有15人，除一人持小旗坐于船头作指挥外，其余14人分为7组，每组2人并肩横坐，手中各持一桨在水中划动。划桨者皆头微仰，口略张，动作整齐划一，很可能是在指挥者挥动小旗和统一的口号声中一致行动。

二十三、庄蹻之谜

前面的种种情景或状况，都是青铜铸像表达的内容，一个不争的事实是，滇国青铜器上没有出现任何文字，因此，有的铸像内容颇费猜测，有的铸像存在不同的解读。

前面说过，滇国存在的年代是我国春秋至西汉时期，此时，中原内地的文字自甲骨文算起已有1000多年的历史。商代后期青铜器上已经出现大量的钟鼎文和铭文。春秋战国时期，出现了篆文，但因各诸侯国不相统一而形成"言语异声，文字异形"的情况，大体上秦国用大篆，六国用"六国古文"。六国古文也是一种"篆"。公元前221年，秦始皇统一中国，在全国范围内统一文字，形成了通行的小篆。汉代演变为隶书。

在这个进程中，由于滇国的社会进程还处于氏族部落阶段，缺乏文字产生的动力和文化背景，加之山川的阻隔造成与中原内地交往不多，没有文字势在必然。然而，关于文字，滇国时期的一件重大事件却使人百思不得其解。

这就是庄蹻王滇。

根据司马迁的记载，长期以来，许多人一直认为，庄蹻及其大军进入滇池地区，带来了内地先进的生产方式，促进了滇池地区及云南的经济社会发展，功不可没。今天的晋城，被认做滇国

晋城庄蹻塑像

82

王都所在地，矗立着庄蹻的巨大塑像，纪念这位开拓云南边疆的伟人。

不过，这位为滇国"带来了内地先进的生产方式，促进了滇池地区及云南的经济社会发展"的开拓者，却意外的没有带来文字这一文明的利器。

楚威王在位的时间是公元前339年至公元前329年，属于战国中期。此时的文字已经相当成熟，并形成了自己的特色，即所谓"鸟篆"。仅以滕壬生先生所编撰之《楚系简帛文字编》而论，其定稿统计共收入字头2228个，总计字形19250文。既然庄蹻出身王室，是楚庄王的后代，不可能不通文墨，何况他的数万大军中其幕僚军师之辈，也不会是文盲。那么，他们留在滇池地区，虽然"变服，从其俗"，但毕竟是"以其众王滇"，不可能完全抛弃文字这一文明的利器。而他们统治的滇国，居然没有任何文字材料留下，令人匪夷所思。

联系到相关文献记载和考古发掘分析，或许，庄蹻入滇之事，纯属子虚乌有。

司马迁《史记》的另一篇文章《秦本纪》中，记载昭襄王"二十七年……又使司马错发陇西，因蜀攻楚黔中，拔之"。这里所记秦军攻占巴、黔中是在公元前280年。这就是庄蹻大军无法归报楚国而留在滇池地区的原因。而此时的楚王已经是楚顷襄王（公元前298年至公元前263年在位）。如果庄蹻受楚威王（公元前339年至公元前329年在位）派遣，那么，庄蹻西征的时间竟然至少长达40～50年。这似乎是不可想象之事。

本来，如果只是庄蹻西征的时间记载错误，更正也就罢了。然而，以后的文献中，关于"庄蹻王滇"的记载却大相径庭，出入很大。

其一：晋常璩撰《华阳国志·卷四·南中志》：周之季世，楚顷襄王遣将军庄蹻沂沅水出且兰以伐夜郎，植牂柯，系船於是。且兰既克，夜郎又降，而秦夺楚黔中地，无路得反，遂留王滇池。

这里，楚威王改成了楚顷襄王，也就是说，时间推迟了30～50年左右，这样的改动，时间与秦军攻占巴、黔中的公元前280年相符。然而，庄蹻西进路线由"循江（长江）上"变为"从沅水"。也就是说，庄蹻的军队并没有沿长江进入四川，而是经过湖南的沅水进攻贵州。

其二：南朝宋范晔的《后汉书》基本采用了常璩的观点，但庄蹻的名字却变成了庄豪。他说：初，楚顷襄王时，遣将庄豪从沅水伐夜郎，军至且兰，椓船于岸而步战。既灭夜郎，因留王滇池。

其三：有学者又提出：按《史记》、《资治通鉴》等典籍书的记载分析：楚国自怀王以来，国势日衰，以致在同秦国以及齐、韩、魏等中原诸国的战争中连连大败，损兵折将，失地辱国，连楚怀王也客死秦国。到楚顷襄王时，甚至连国都郢也被秦军攻占，祖先的陵墓也被秦军焚毁，这个昔日的南方大国至此已是疲弱不堪、苟延残喘。从常理来看，当时的楚国遭遇如此困境，是不可能也没有能力再派重兵去远征西南边地的。

因此，南北朝时，郦道元作《水经注》，就避而不谈"庄蹻王滇"事。北宋司马光著《资治通鉴》，也不提"庄蹻王滇"。可见两人对此事均持怀疑态度。唐代史学家杜佑在《通典》中，更明确指出司马迁"庄蹻王滇"的说法是错误的。

问题还不仅仅于此。

关于庄蹻其人的身世，古代文献也有不同说法。

据《荀子·议兵篇》载："然而兵殆于垂沙，唐蔑死；庄蹻起，楚分而为三四。"《商君书·弱民》也言："唐蔑死于垂涉，庄蹻发于内，楚分为五。"《韩非子·喻老》则说："庄蹻为盗于境内而吏不能禁，此政之乱也。"《吕氏春秋·介立》也提到"庄蹻之暴郢也"。从以上四书的记载可以看出，庄蹻不但不是受命于楚王的将军，相反，庄蹻却是专门和楚国统治者作对的叛军领袖。而且，叛军规模浩大，声势夺人，曾搅得楚国四分五裂，一片混乱，甚至还打到了楚国的国都郢（今湖北江陵）。

上述几部典籍中关于庄蹻其人的记载应当是真实可信的。首先，这些典籍的成书年代都早于《史记》的成书年代，而且荀子、韩非子、吕不韦、贾谊等人生活的年代有的与庄蹻同时，有的接近庄蹻，因此他们在记述庄蹻其人时，不大可能信口妄言。

不过，太史公毕竟是太史公，一向严谨的他对庄蹻王滇之说虽然时间有误，但不至于毫无依据吧？于是，围绕庄蹻其人以及他是否王滇、如何王滇，当代学者孜孜不息地为太史公的说法求证，形成了不同的说法。归纳各家之说，有代表性的有下述两种。

其一，庄蹻受楚王之命率领东地兵进行西征说。

庄蹻为战国时期的越人，在楚国时期曾经历了一个先"将"后"盗"、"盗"后又"将"的过程。

公元前300年，齐、秦联盟，准备进攻楚国。为离间齐秦联盟，楚国暗派使者赴齐，答应割让楚国的东地六城给齐国。唯恐齐国不信，楚王派太子入齐作为人质。尽管齐秦联盟不成，秦国举一国之力，仍把楚国打得落花流水，溃不成军，楚将景缺战死，楚怀王被秦拘留。楚王被拘，国内局势险恶，急于回国的楚太子与齐国草签了割让楚国东地六城给齐的协议，才归国登基，是为顷襄王。

当时的东地，即被楚国灭掉的吴、越领土。东地驻有土著军队30余万，首领为庄蹻。庄蹻对楚国当权者将家乡割让于齐的做法十分愤怒，于是率众起义，背叛楚国，据地自治，由"将"变"盗"。

过了23年，即公元前276年，庄蹻率领东地兵接受顷襄王收编招安，从"盗"又成为楚国将军。其后，庄蹻受楚王之命率领东地兵进行了西征。就是司马迁在《史记·西南夷列传》中所说的"使将军庄蹻将兵循江上，略巴、（蜀）黔中以西"，其后，庄蹻至滇池，完成了"王滇"大业。

其二，庄蹻率失败的农民起义军领袖转移说。

有人认为，庄蹻并非战国末期的楚国将军，而是当时楚国的农民起义军领袖，其率众入滇也不是受楚王所派遣。而是后来在统治者的四面围剿之下，终因寡不敌众，只好率领起义军沿着长江向楚国统治力量薄弱的西南方向转移，在突破楚军的重围之后，到达了滇池地区，并征服了附近的土著部落，最后在滇池一带拥兵自立为王。

这两种观点虽然细节上不同，但都支持了司马迁的"庄𫏋王滇"之说。

不过，随着滇国古墓葬的大量发掘，一个崭新的观点震撼了学术界。

《中国国家地理》2004年第2期所载杨帆的《古滇最后的青铜王国》一文中肯定地说：

因为到目前为止，还没有任何考古学材料支持庄𫏋进入滇池地区的说法。理由很简单，庄𫏋入滇和濮人入滇不同。濮人虽受过楚文化影响，但不等于就是楚人，所以濮人间接地传播了部分楚文化因素。而庄𫏋是楚人，他的军队也是由楚人构成。尽管史载他们"变服从俗"了，但这样一支大军的进入不可能对滇池地区的兵器装备没有影响。稍具考古学常识的人只要比较一下战国后期楚地的兵器和滇池区域的兵器就会发现，楚地流行使用的越式剑在滇池区域根本就没有出现过，它同时亦证明滇人与越人毫无关系。据说有人已将庄𫏋之墓、庄𫏋儿孙的墓都考证出来了。那么且不论可能已"变服从俗"的儿孙们的情况，单说天子庙41号墓，为什么出土的那么多青铜兵器中竟无一件与当时滇地兵器有什么联系？楚的将军及军队入滇时别的东西可能不带，但兵器是一定会带的，死后也一定随葬。从目前已发掘的所有滇文化墓葬中，还无一例与战国中后期楚地兵器有联系的线索，那么有关庄𫏋入滇的争议，是否可以暂时告一段落了呢？

二十四、滇国的消亡

1956年在石寨山6号墓中发现的那枚小小的"滇王之印",像一道闪电,划过历史的茫茫夜空,照亮了一段沉睡地下达2000年之久的古代文明,拉开了揭示滇国、滇文化这个精彩神秘古代舞台的序幕。但同时,这枚小小的"滇王之印"出自墓葬,实际上也宣告了滇国的终结。

这颗金印出所在的石寨山第6号墓,墓长4.20米,宽1.90米,深2.85米,在众多墓葬中属于大墓。墓内发现各类器物172件,其中有滇国重器贮贝器5件、铜编钟一套6件、带金鞘的剑5件、黄金珠、大量玛瑙、车马饰品等等,显示出一代滇王的显赫和威风。

第6号墓,究竟是哪个滇王的墓葬呢?

据《史记·西南夷列传》记载,西汉元狩元年(公元前122年),汉武帝派出的寻求"蜀身毒道"使者,受到滇王尝羌的热情款待。因此,13年后,元封二年(公元前109年),当汉武帝"以兵临滇"之时,滇王"举国降,请置吏入朝"。汉武帝不仅没有诛杀滇王,反而在设立益州郡的同时,"赐滇王王印,复长其民"。司马迁说:"西南夷君长以百数,独夜郎、滇受王印。滇小邑,最宠焉。""汉诛西南夷,国多灭矣,唯滇复为宠王"。

现在,我们并不知道接受"滇王之印"的滇王是否还是尝羌。如他此时已不在位,降汉者应为另一滇王。

不过,不管是那一位滇王,汉武赐印并非意味着他从部族联盟首领之王真的成为"宠王",名正言顺地成为滇国的最高统治者,可以按照汉仪建立自己统治体系,位极人臣,发号施令,享尽荣华。实际上,汉武赐印就是那个独立自主的部族联盟古滇国消亡之时,也是滇王丧失统治权之时。

这是为什么呢?

西汉时期，朝廷经历了由分封诸王到削弱诸王势力的过程。

汉初，汉高祖为了奖励开国功臣，曾分封了一批诸侯王，史称"异姓诸王"，但不久即发现，这些异姓诸王拥兵自重，专制一方，成为中央集权的严重障碍。于是，汉高祖采取了断然手段，消灭异姓诸王，在异姓诸王的旧土上分封自己的子弟为王，用以藩屏汉室，史称"同姓诸王"。但这些同姓诸王仍然形成了地方割据，并发生了"七国之乱"。七国之乱平定以后，汉景帝即降低了诸侯王权力，规定诸侯王不再治民，仅是一个拥有一定封地的爵位。

汉武帝时期，为进一步削弱诸王的势力，允许诸侯王将土地分给子弟为列侯。诸侯王的封地不过数县，侯国封地与县相当。

所以，汉武赐滇王金印，不是封国立王，仅是授爵封地。所谓"复长其民"，不过是在益州郡守的指挥下，"奔走惟命"，推行政令，令其部属纳贡应役而已。汉武帝赐"滇王之印"之时，显得颇费心思，既要笼络滇王，利用其在部族中的威望安定一方，又要防止滇王坐大，阻碍中央王朝的统治。于是出现了与众不同的这方滇王蛇纽金印。

据专家分析，按照当时的规矩，汉朝皇帝赐印大致分为两大类：一类是给外国前来朝贡、表示臣服者所赐之印，这类印加一"汉"字，但无"印"字，印章上刻曰"汉××国王"如"汉委奴国王"印（委，即倭，当时指日本）。对这类国王，汉朝皇帝并不直接统辖，史学家称其为"外臣"，赐印并加一"汉"字，无非是表示中国皇帝"普天之下，莫非王土"的理念罢了。另一类是赐给国内下属的诸侯王和列侯等内臣，这类印没有加"汉"字。"滇王之印"没有加"汉"字，说明滇王已经成为汉朝的内臣。因此，"滇王之印"也验证了一个重要的历史时刻：公元前109年，滇国成为汉帝国版图的组成部分。滇人，开始融入祖国大家庭。

对内臣，一般官印多为铜质，诸侯王及丞相等高级官员用金印，皇帝之玺则用玉。"滇王之印"是金印，无疑是属于汉代一枚级别很高的官印。但是，赐给诸侯王的金印，都称为"玺"，刻云"×王之玺"，如"广陵王玺"；而职位较低的列侯则称印，刻曰"×侯之印"，如"关内侯印"。滇王金印没有按照规矩篆文为"滇王之玺"，而是"滇王之印"，有点蹊跷，看来是降低了等级。而且"滇王之印"使用蛇纽，也是与内地官印大不相同，蛇钮或驼钮多用于赐外国君长之印，用于此，也表示滇王管辖的只是他原来的部族而已。

由此可见，在汉武帝这一巧妙的安排下，滇的首领尽管被册封为"王"，但只领受了"侯"的印信，其地位在郡守之下，还得听命于"太守"，没有带兵的权力，只管辖原族群。由此可见，汉武赐滇王印之日，正是滇国消亡之时，滇国的历史，至此终结。

果不其然，自滇王受印之后，史籍中再无滇王的踪影，不管是那一位滇王，他们"复长其民"的局面并没有维持多久。

汉朝在边郡屯戍，传播进步生产工具，生产技术以及生活方式，推动各地区社会经济文化之发展。由于落后势力的保守性与顽固性，新旧势力的斗争激烈，以至发生战争。《汉书·武帝纪》记载："（元封）六年（前105年），益州昆明反，赦京师亡命令从军，遣拔胡将军郭昌将以击之。"此时距离汉武赐滇王印仅有4年。

19年后，孝昭始元年（前86年），即汉武帝刚去世，年仅8岁的汉昭帝登基之时，益州境内就发生了大规模的反叛。《汉书》卷九十五《西南夷两粤朝鲜传第六十五》载：孝昭始元年，益州廉头、姑缯民反，杀长吏。牂柯、谈指、同并等二十四邑，凡三万余人皆反。遣水衡都尉发蜀郡、犍为奔命万余人击牂柯，大破之。后三岁，姑缯、叶榆复反，遣水衡都尉吕辟胡将郡兵击之。辟胡不进，蛮夷遂杀益州太守，乘胜与辟胡战，士战及溺死者四千余人。明年，复遣军正王平与大鸿胪田广明等并进，大破益州，斩首捕虏五万余级，获畜产十余万。上曰："钩町侯亡波率其邑君长人民击反者，斩首捕虏有功，其立亡波为钩町王。大鸿胪广明赐爵关内侯，食邑三百户。"

这里说的"廉头"，指的是安宁的盐工；"姑缯"，当时在今楚雄地区；牂柯即今贵州地区；叶榆，在今大理地区。汉军用了五年的时间，才平定了发生在益州的反叛。

在这两次反叛中，滇王是否参加反叛，史料没有任何记载。

此刻滇王到哪里去了呢？有几种可能：如果滇王率部众协助朝廷镇压叛乱，史书上肯定会留下记载。协助汉军镇压叛乱的钩町侯为此而擢升为王，朝廷也一定不会薄待滇王。如果滇王率众造反参与杀太守事件，那末，此次叛乱既已平息，滇王一定伏诛，然而史书上仍无记载，而且从石寨山6号墓看，滇王还享有一定的荣华。那末，我们可不可以这样解释：滇王并没有参与反叛，也没有积极参与平叛，既失去了民众的支持，也失去了中央政府的信任，从而失去了他固有的权力和地位，默默无闻地被废除了。

末代滇王在他寂寞去世时，滇国早已宣告终结，王位也不复存在，不可能继续传承下去，于是，他只有将"滇王之印"随着其他财产一起带入坟墓。就连他试图仿效内地王族丧葬时盛行制作的"金缕玉衣"，也是那样粗糙和残缺不全。这套由176片玉片组成的玉衣，竟然有97块片还是玉坯，而且没有金丝连缀。

滇文化的消逝

汉昭帝初期，汉军对益州反叛者进行了残酷的镇压和疯狂的掠夺，"斩首捕虏五万余级，获畜产十余万"。对于人口不多的云南来说，这种打击是毁灭性的，而且在这个过程中，内地的吏卒、民工、屯户、商贾等不断进入云南边疆。西汉末至东汉初，云南不仅出现了大面积的汉族聚居区，而且形成一批拥有"部曲"的地方实力派——"南中大姓"。他们不仅把持着当时云南的经济和文化，在政治上也有较大的势力，连益州郡的地方官吏有时也得罪他们不起。随着汉族的大量进入，中原地区的汉文化及"汉式器物"也在云南广为流传，对边疆各族群文化产生巨大影响，从而加速了滇文化消逝的速度。

考古资料显示，西汉中期以后，滇国早期墓中常见的铜伞、铜枕、针盒、贮贝器及动物纹扣饰等已很少发现或不再发现，用海贝随葬的现象也基本消失。早期墓中出土的狼牙棒、铜喙、铜斧、铜剑、铜矛等显著在减少或消失，取代出现的则是铜铁合制的剑、矛、斧以及全用铁制的长剑、环首刀和铁戟等。生活用具中，早期墓常见的立牛盖铜壶、铜杯及铜勺等不再发现，取而代之的则是中原地区的铜釜、甑、洗、准斗及漆奁、漆案、漆耳杯等。乐器中葫芦笙消失了，铜鼓虽继续存在，但数量较少，纹饰也远不及早期铜鼓精美。有的铜鼓被改作他用，有的甚至成为别的青铜器或装饰品的器座，往日神圣不可侵犯的"国之重器"，此时竟成为任人畜践踏的坐垫。铜鼓的命运和滇王的权势一样，早已今非昔比。

西汉末至东汉初，滇池地区的墓葬中再无滇文化风格的随葬品，连墓葬的形制也由原来的竖穴土坑开始演变成砖室墓。至东汉中期以后，滇文化已消失得无影无踪。

结束语

时至今日，考古界和史学界的专家学者们对古滇墓葬出土器物的研究和探寻，还在进行之中。许多问题虽然取得了共识，但有一些问题仍存在较大的分歧。不过，专家们的研究成果，已经勾勒出了古滇国的大体框架。

三年前，一家文化传播公司计划拍摄大型纪录片《古滇国》，曾邀我为其撰写文字脚本。在给我的策划大纲中，赫然列有"创世女神和帝国女王"、"高原上的长城"、"消失的王城"等内容。策划者认为，古滇国是一个女王统治的帝国，王都有坚固的城池（后来陷落于抚仙湖），并筑有与北方万里长城相对应的南方长城。古滇国十分神奇，不仅楚国大军到此后神秘消失，青铜器更多的是令人诧异、无法解释的内容，常常让熟悉历史的学者也感到难以想象，充满悬疑。

我认为，纪录片不是小说故事片，建议对策划大纲进行修改，并提交了修改的文本。当然，这个修改文本显然不符合他们"神秘莫测"、"轰动效应"的要求。由此，我深深感到，历史，要追寻真实，讲求点真实的魅力还真难。

这本《走进古滇国》，无非是在学习理解部分专家学者著作的基础上，试图将古滇国的社会文化进行一番通俗的解读，尝试揭开古滇国扑朔迷离的神秘面纱。限于篇幅和本人的学识，一些问题并未涉及，一些问题也是浅尝辄止，对一些文物的具体解读也许与专家学者观点不尽相同。

本书主要参考著名考古专家孙太初、张增祺、李昆生、胡绍景、杨帆、蒋志龙和历史学家方国瑜、任乃强、尤忠等先生的相关著作，鉴于本书并非学术著作，未能一一注明所引用的材料和观点的出处，敬请上述专家学者中健在者的谅解。本书部分出土文物图片的使用，得到省文物考古所的同意，在此表示感谢。